宮司の経営

ビジネスパーソンに伝えたい
神職のわたしが得た仕事の知見

病厄除守護神 廣田神社
第17代宮司
田川伊吹
Tagawa Ibuki

CROSSMEDIA PUBLISHING

はじめに

私は、青森県青森市、県庁庁舎の近くにある、廣田神社の第17代目宮司《ぐうじ》を務めています。私が当社の宮司になったのは23歳のとき。当時、全国最年少の宮司と話題になったこともありましたが、それは私が優秀だったからというわけではありません。先代の父親が病気により急逝したためでした。そう、まだ青二才だった私は、急に宮司に就任することになったのです。

大学の神道文化学部に進学し、神職の資格を取得した私は、「いつかは自分が実家の神社を継ぐのだろう」と思いつつ、それはまだまだ先のことだと考えていました。大学卒業後は、神職としての経験を積むため、神奈川県の寒川神社に奉職。「しばらくは東京でもっと遊びたい」「実家に帰るまでに世界一周旅行にも行っておきたい」などと考えていて、学生気分がまだ抜けていないところもあったと思います。

寒川神社は年間約200万人もの参拝者が訪れる、全国屈指の大きな神社です。職員の数も多く、1年目は神職見習い（出仕《しゅっし》）として、しめ縄などにつける白い紙でできた「紙垂《しで》」の奉製や掃除、荷物運びなど、主に神事、祭事の補助を担当することになります。

ところが、その翌年の平成21年（2009）に、父親が亡くなったのをきっかけに、図らずも実家の神社の宮司に就任することになったのです。

そもそも宮司というのは、神職の役職のひとつで、神社の最高責任者のことを言います。会社で言えば、社長の立場です。当時の私は、大企業の新入社員から、突然、中小企業の社長になってしまったようなものだったのです。

一般的に宮司に就任するのは早くても40代、多くは50代～60代です。それが、社会人経験もほとんどない23歳の青年が突然、社長の役割を背負うことになってしまったのですから、はじめは思うようにいかず、失敗もたくさんしました。

神社の仕事だと思って見えていたのはほんの一部分で、実際にその立場になってみると、そのほとんどが「経営」に関すること。しかも、いかに仕事量の多いことかと驚きの連続でした。職員がたくさんいるような規模の事業体でもない限り、本業としての神職の仕事以外に、総務はもちろん、労務や広報から秘書的なスケジュール管理までほぼ一人でこなしていかなければならず、右も左もわからないまま、とにかく毎日がわからないことだらけの苦労の連続でした。

とくに大きかったのが、当時の職員がすべて辞めてしまったときです。私が未熟だったばかりに職員との関係をうまく構築できなかったのが原因でした。

ただでさえ、プレッシャーに心が折れそうになっていたところに、そのような出来事が発生し、一人でこなせる仕事量には限界があり、あのときは自分の努力だけではもう、どうにもならないところまで追い詰められました。

それでも、自分に与えられたこの使命、神様ごとだけは絶対に疎かにしてはいけないと、神明奉仕は妥協することなく向き合い続けました。

すると、そんな私の姿を見て、ありがたいことに、保育士として働いていた姉が、神職の資格を取って、仕事を手伝ってくれることになり、なんとか危機を乗り越えることができました。

実際は半年間くらいだったと思いますが、当時の私は数年も経っているような感覚で、あまりの忙しさで今でも記憶は断片的です。

しかしあのとき、ある意味、開き直ることができ、見栄を張らず、自分らしく「やるしかない」と覚悟が決まったような気がします。

このめぐり合わせを振り返ると、目先の収入だけに走りすぎず、根底に必ず祭りを大切にして祈り続けたからこその結果として、よい出合いやありがたい導きを得ることができたということに気づきました。

そこから、より一層、とにかく神様へのご奉仕を第一にして、理想とする神社にしていきたいと、過去から学び、未来を見据えて、今すべきさまざまな取り組みを行ってきました。

たとえば、新しい取り組みとして、津軽地方の伝統文化である金魚ねぶたを鳥居に130個掲げて地域の幸せを祈る新しいお祭りを立ち上げたり、ご先祖様の御霊《みたま》をお祀りし、慰霊する祖霊社を創建したり、海洋散骨などの神道式の永代供養も始めました。ほかにはパラオ共和国で神仏合同の慰霊祭を行ったり、八甲田山頂上の祠《ほこら》の再建なども行ったりしました。コロナ禍には、SNSを使って神社からライブ配信やお神札の無料配布を実施。数十年ぶりに復活した境内社の例祭の宵宮《よいみや》（前夜祭）でジャズコンサートを開いたり、お寺や教会とコラボした宗教音楽フェスを開催したりしたこともありました。

神様のため、神社のため、そして地域の人々のために、さまざまなことにチャレンジしていくにつれて、ありがたいことに参拝してくださる方々も徐々に増えていきました。その結果、年間の収益は宮司就任以来約15年、右肩上がりに成長し、その額はおよそ6倍近くとなり、正月以外ほぼ受ける人がいなかったお守りなどにいたってはその頒布数は30倍以上を達成し、今も伸びています。そのことで、境内の修繕や朽ち始めていた神社を修理することができました。

また、SNSのライブ配信がきっかけで佐賀県の福母《ふくも》八幡宮宮司の妻と知り合えたうえに、今年、待望の第一子を授かりました。私生活においてもよいご縁をいただいて、幸せを感じています。

困難が降りかかってきても、常に神様に向き合いご奉仕する姿勢だけは崩しませんでした。すると、結果、よい導きがあり、助けられることがありました。以来、神社のためにいろいろな取り組みや挑戦をし続けてきました。

宮司が普通の経営者と大きく違う点は、信仰でしょう。信仰という大事なものに気づき、これは会社の経営やビジネスパーソンの働くということにも通じるのではないかと思うようになりました。

だからこそ、このタイミングで一度立ち止まって振り返ることが必要なのではと思ったのがこの本をまとめたきっかけです。うまくいっている今こそ、宮司としての役割を見失わないよう、これからの神社に求められること、自分がやるべきことを改めて、考えてみようと思ったのです。そして、今までの経験のなかで得た知見が、誰かの役に立つのであれば、これほどうれしいことはありません。

全国に8万社あると言われる神社の課題や状況は地域によっても千差万別ですので、本書で紹介する内容がすべての神社に当てはまるわけではありません。

しかしながら、時代がすさまじい速さで流れ、世の中の移り変わりの予測が困難になってきている現代。1000年続いてきた神社の「経営」を次代につなぐ今の取り組みが、一年一年確実に廣田神社を隆盛させていることは間違いありません。

ですので、神道の精神や神社経営にかかわる知見は、宮司の方だけではなく、一般企業の経営者やビジネスパーソンの方にもきっと参考にしてもらえるのではと思っています。

私が神社経営から学んだ知見を公開することで、経営するということや働くということ、そして、生きるということへの向き合い方の参考になることがあれば、幸いです。

はじめに……002

第1章
ワーク・ライフ・バランスは、神道の考え方を取り入れると、うまくいく

なぜ、うまくいく人は神社へ行っているのか……014
日本人に根付いている神道のメンタリティ……019
神道からみるワーク・ライフ・ハーモニー……023
四季のリズムで働き、休む……027
暮らしに生かす神道の作法……030
神棚・お守りがもたらす効果……035
言霊のあるコミュニケーション……039

第2章
宮司の仕事とは
宮司さんって何しているの？

私が「宮司になろう」と思ったきっかけ……044
宮司の一日……048
神社経営の現実……051
宮司と経営者の共通点……054
伝統と革新……059
神道的リーダーシップ……063
自然信仰とサステナブル経営……067

第3章
神社とお金
財政難の神社を黒字化する経営戦略

単なるビジネスじゃない　神社経営の内幕……072
42・5%は兼業宮司!?……076
黒字化への道……081
選ばれる神社へ……085
行政との連携……089
クラウドファンディングで立て直す……093
未来への投資……097

第4章
神道と理念
意外に似ている経営者と宮司

神道流パーパス経営……102
宮司と経営者が挑戦すべきこと……105
神道的理念のすすめ……109

経営と理念を両立させる……112
神道的シナジー効果……117
宮司的組織マネジメント……121
神道でメンタルを安定させる……124

第5章 地域との連携
祈りと祭りでコミュニティーを生かす

地域に生きる……130
祈りと祭り……134
祭りの灯を絶やさない……138
ハレとケの日をプロデュースする……141
伝統文化を楽しく学ぶ……145
想いでつながる神社にする……149

ふるさとの神社を守るという使命……153

第6章 現代版 神道のある暮らし 心の整え方から幸せになる作法まで

心を整える……158
みんな、「授かりもの」……163
言葉が人生を変える……167
出合いの紡ぎ方……171
幸せになる作法……176
ありのままに身をまかせる……179
神様と対話する……182

第7章 未来の神社
個人からコミュニティー、自然資本へ回帰する

神道が経済を潤す……186
自分を取り戻し、心を整える……192
妊娠・出産・育児、命を紡ぐ神社……196
神社が担う、新しい「道」の学び舎……200
「今の祈り」を祭りにする神社……203
自給自足経済を産む神社……208
自然と社会と人とをつなぐ神道……212
おわりに……216

編集協力　小川由希子
校正　ＲＵＨＩＡ

第1章

ワーク・ライフ・バランスは、神道の考え方を取り入れると、うまくいく

なぜ、うまくいく人は神社へ行っているのか

「信仰している宗教はありますか？」

そうたずねられたら、みなさんは何と答えますか？　イエスと答える日本人は、少ないのではないでしょうか。２０１８年に行われた調査（ＮＨＫ放送文化研究所「ＩＳＳＰ国際比較調査」）によると、「信仰している宗教はない」と答えた人が62％だったそうです。

成功者は神様を頼りにしている

だからといって、日本人に信仰心がないのかというと、そんなことはありません。「自分は無宗教」と言いながらも、初詣や厄払い、お宮参りや七五三、合格祈願など、節目節目で神社を訪れる人は今でも多いことからも、それがわかるでしょう。

そのなかでも、とくに熱心に神社に手を合わせる方が多いのが、経営者や政治家、芸能関係者など、世の中で「成功者」と言われる人たちです。

たとえば、日本を代表する企業のひとつ、三菱グループの創業者である岩崎弥太郎もその一人です。

幕末、土佐藩に仕えていた弥太郎は、大阪にある藩邸の責任者をしていましたが、維新後、藩

の借金を肩代わりすることを条件に、その藩邸と蔵屋敷を譲り受けます。大阪市営地下鉄・西長堀駅の近くにあったその屋敷内には、現在も土佐稲荷神社があり、弥太郎も守り神として大切にしていたと言います。

その後、弥太郎はその地で事業をおこし、それがのちの三菱財閥へとつながります。そして、大阪から東京に本拠地を移した後も、土佐稲荷神社を守護神として守り続けたそうです。

神社には家紋と同じようにそれぞれに紋章（神紋）がありますが、土佐稲荷神社の神紋には、三菱グループのシンボルであるスリーダイヤが用いられています。これは、岩崎弥太郎から始まった三菱グループとの深い関係があるからです。現在、土佐稲荷神社は三菱と公的な関係はありませんが、今でも役員や社員がよく訪れているそうです。

岩崎弥太郎のほかにも、松下電器産業（現在のパナソニックホールディングス）を創設した松下幸之助も、信仰心があついことで知られていて、とくに龍神を守り神としていました。現在もパナソニックの本社や各地の事業所には、龍神を祀った神社があるそうです。

自社の敷地内に神社を設置している日本企業は思った以上に多く、トヨタ自動車や資生堂、ワコール、キッコーマンなども、自社の神社を祀っています。名だたる企業家たちが、それだけ神様を頼りにしてきたということです。

私が以前奉職していた寒川神社は、年間の参拝者は２００万人にも及びますが、そこでも、大きな企業の経営者や、芸能関係者の姿も目立っていました。多くの著名人が、映画の撮影前の安全祈願、撮影後のお礼参りなどで、頻繁に寒川神社を参拝されていました。

多くの成功者が神様とのつながりを大切にしていることは、境内にある鳥居や石灯籠《いしどうろう》、提灯《ちょうちん》、玉垣《たまがき》（神社の石や木でできた柵）に書かれた名前を見るとよくわかります。これは、神社にお金や物品を奉納した企業や個人の名前です。

芸能神社として有名な京都の車折《くるまざき》神社の赤い玉垣には、誰もが知っている芸能関係者の名前がずらりと並んでいます。また、「千本鳥居」でおなじみの京都の伏見稲荷大社の赤い鳥居にも、奉納した有名企業、有名人の名前が書かれていて、現在、稲荷山全体で、1万基ほどの鳥居があるそうです。

地元の青森では、私も親交のある、母校青森山田高校サッカー部監督から、サイバーエージェントの藤田晋社長に乞われて、FC町田ゼルビアの監督としてチームを大躍進させた黒田氏もよく全国の神社にお参りされています。

神社は謙虚に自分を振り返る場所

では、物事がうまくいっている人ほど、時間とお金をかけ神様に祈りを捧げているのはなぜでしょうか？　一番の理由は、自分自身を見つめ直し、自分の立ち位置を再確認するためなのではないかと私は考えています。神様を前にすると、人は自然と謙虚になるものだからです。

私がそんなふうに考えるようになったひとつのきっかけは、大学時代の経験にあります。

私は、もともと中学校からバレーボール部で、青森山田高校時代にはキャプテンを任されました。しかし、私の力不足でなかなかチームを勝利へ導くことができませんでした。そうしたこともあり、大学へ入学してからもバレーボールを続けるつもりでした。ところが、「うちは週7でがっつりやるよ」と、新歓で熱心に誘われたのが空手道部でした。全く未知の部活で、大会では学ラン着用、返事はすべて「押忍」という、絵に描いたような昭和の世界でしたが、新しい環境になったのだし、競技は違えど情熱は一緒。挑戦してみようと入部を決定しました。

上下関係のみならず、稽古も非常に厳しいものでしたが、負けてたまるかと何とか日々の稽古に食らいつくことで、自分自身で実感できるほど、成長していることを感じました。1年経つと、初心者の自分が先輩に勝つことも決して珍しくはなくなってきました。その頃からどこかで無意識に自分は才能があるんだと勘違いしていたのかもしれません。その慢心からか、渋谷区大会のエントリーが決まった頃、稽古中に顔面へ突きをくらい顎を骨折してしまいました。

幸い、大事には至らなかったのですが、2、3カ月の安静が言い渡されました。そこで高ぶっていた気持ちが消沈してしまいましたが、思った以上に回復が早く、試合前に復帰できることになり、劇的な復活も相まってより気持ちが強くなっていました。

2年生のはじめに出場した渋谷区大会「有級の部」で、都内23区でも有数の出場者数のなか、優勝を収めることができました。今、思い返せば、そのとき私は「自分は強いんだ」と天狗になっていたように思います。全国大会へと進んだ後、最初のうちは順調に勝ち上がったのですが、ベスト8をかけた試合で、区大会で勝った相手に、あっさりと負けてしまったのです。

そのとき道場の師範からかけられたのは「お前は下手だから、負けるのは当たり前だよ」という言葉でした。
「下手」の語源は「端《はた》」で、「中心からずれている」という意味からきているそうです。師範が私に対して「弱い」ではなく、「下手」といったのは、空手の技術が劣っていたから負けたのではない、試合に向き合う姿勢、つまり心の在り方がずれていたから負けたのだと伝えたかったからなのではないでしょうか。

物事がうまくいっているときは、誰しもおごりや慢心をもつものです。けれども、そんな乱れた心のままでは、さらに上に進むための階段があることにも気づけず、成長は止まってしまいます。

けれども、神様が見ていると思ったらどうでしょうか？　自分の心のなかのおごりや慢心を見透かされ、「調子にのってはいけない」とたしなめられているような気持ちになるはずです。神様の前に立って手を合わせると、謙虚な気持ちで自分を見つめ直して、自分が今やるべきことが見えてきます。神様の導きによって、成功の道を迷いなく進むことができるのです。

神社への参拝は、心の柱を立て直し、日々の歩みを確かなものにする。今日一日を大切にし、神様と共に歩むことで、真の成功への道が開かれる。

日本人に根付いている神道のメンタリティ

日本人は、世界でもトップクラスに「きれい好き」と言われます。「外から帰ってきたら手を洗う」「お風呂に入って体や髪の毛を洗う」「玄関で靴を脱ぐ」「食事前におしぼりで手を拭く」といった行動は、日本人が当たり前に行っている習慣・文化でしょう。

実は、このように清潔さを好む日本人の性質は、日本の歴史が書かれた『古事記』の内容からもうかがい知ることができます。

日本人のきれい好きは神道からきている

日本という国をつくったとされるのが、伊邪那岐命《いざなぎのみこと》と伊邪那美命《いざなみのみこと》です。この2人の神様は夫婦で、日本の国土をつくると、多くの神様を生み出しました。

ところが、伊邪那美命は、最後に火の神様を生む際、大やけどを負って亡くなってしまいます。伊邪那岐命は、伊邪那美命を取り戻そうと黄泉国まで向かいますが、その変わり果てた姿に恐ろしくなって、逃げ出してしまいます。

帰還した伊邪那岐命は、黄泉国での穢《けが》れを清めるために、「竺紫《つくし》の日向《ひむか》の橘の小戸《おど》の阿波岐《あわぎ》原《はら》」と呼ばれる場所で、体を洗い、みそぎを行ったそうです。

この『古事記』に書かれた神話が、入浴のはじまりと言われています。お風呂に入って、体をきれいにすることは、もともとは穢れを祓うための行為なのです。

神道では、穢れは「気枯れ」とも言い、ただ、不潔で汚れているだけでなく、気が枯れて「元気がなく弱っている状態」であると考えます。毎日の入浴には、穢れを落として体を「清浄」に保つだけでなく、心身を「正常」にする役割もあるのです。

実際、お風呂に入ることで1日の疲れが癒やされ、すっきりとした気持ちになることは、多くの日本人が体験的に知っているでしょう。

掃除についても『古事記』には「天若日子《あまのわかひこ》がなくなったあと、その葬儀のために喪屋をつくった場面にて『鷺《さぎ》を帚持と為』(鷺がほうきをもつ役目)として掃き掃除をした」といった記述があります。掃除が、もともと死者を弔うための清める儀式であったことがわかります。

現代でも、神職にとって掃除は、「最初に覚える仕事」と言われるほど、重要なお勤めです。神道には、神々を祀る環境の「清浄を尊ぶ」という特徴があるからです。毎朝、境内をすみずみまできれいにすることは、神様の宿る場所の穢れを払うと同時に、自分自身の心の穢れも払う役割があります。

学校の掃除を生徒自身が行うのは日本の文化のひとつですが、これも、神道や仏教の修行からきているのではないかという説があります。毎日使っている教室や校庭を自分たちで掃除するのは、清掃習慣を身につけるほか、まわりの人と協力する心、ものを大切にする心など、心を育てる目的もあるのです。

また、神社では年1回、たいてい12月13日に、お正月に歳神様をお迎えする準備の始まりとして「煤払い《すすはらい》」を行いますが、これが大掃除のルーツです。家庭での大掃除にも、1年の穢れをはらい、新たな気持ちで新しい年を迎えるための準備という意味合いがあると思います。

私たちにとって当たり前になっている生活習慣にも、神道の考え方が根付いています。これからは「穢れを払う儀式」でもあることを意識して、掃除をしたり、入浴して身だしなみを整えたりしてみるのもよいでしょう。邪《よこしま》な考えや弱気な心など、心の穢れを払って、上手に気持ちをリセットできるはずです。

人生の節目に神様の前に立つ意味

前の項目でも少し触れましたが、日本人は人生の節目節目に神社で手を合わせる習慣をもっています。子どもが生まれておよそ1カ月後に行う初宮《はつみや》参りに始まり、七五三は多くの人たちが経験しますし、そのほか、成人の祝い、結婚式、安産祈願、厄除け、合格祈願、長寿の祝いなど、さまざまな人生儀礼を神社で行います。

これらは、主に晴れやかな人生の節目を祝う儀式であると同時に、無事にその日を迎えられたことを神様に奉告《ほうこく》し、感謝や祈りを捧げるという目的があります。そして、多くの人にとって、神様を前に自分のこれまでの人生を振り返るよい機会にもなっています。自分がこれからの人生をどう過ごしていくべきかを考え、新しい一歩を踏み出すターニングポイントにできるのです。

ただ時間の流れに身を任せていると、あっという間に人生は過ぎていってしまいます。目標を見失い、ただ時間を費やすだけになってしまう人も多いでしょう。

現に、終身雇用制度がまだまだ続いている日本では、年をとり、昇進するほど、学ばなくなると言われます。それでは、退職をする頃になって「もっとできることがあったのでは?」と後悔することになります。

そうならないために、神道の人生儀礼のように、日々の生活のなかでも、節目をつくって神様に手を合わせてみませんか?　そこで自分の仕事を振り返って感謝や反省をし、目標を設定する時間をつくれば、私たちはより豊かな人生を送れるでしょう。

心身の清浄は、神々の教えによる生活の調和から生まれる。日々を清らかに過ごし、感謝と共に歩むことで、真の豊かさを得る。

神道からみるワーク・ライフ・ハーモニー

働く女性の増加、少子高齢化による労働力の減少、リモートワークを含めた働き方の多様化などに伴い、ワーク・ライフ・バランス（仕事と生活の調和）の大切さが見直されるようになりました。若い人たちを中心に、職業や就職先を決める際にワーク・ライフ・バランスを重視する人も増えています。

しかし近年では、仕事と生活を単に「バランス」させるだけでなく、両者を統合・融合させ、相乗効果を生むことを目指す「ワーク・ライフ・ハーモニー」という考え方も注目されています。ワーク・ライフ・ハーモニーとは、仕事と生活を切り離して管理するのではなく、互いを支え合う関係として捉え、自分らしい働き方、生き方を実現する考え方です。

「育児や介護と仕事を両立したい」「仕事以外の地域活動にも力を入れたい」「二拠点生活をしながら仕事をしたい」など、理想とする働き方は人によって違うでしょう。自分らしく人生を歩むためには、自分なりのワーク・ライフ・ハーモニーを見つけることが大切です。

一方で、神道の視点から見ると、ワーク・ライフ・ハーモニーに近い概念として「自然との調和」が挙げられます。

神道は、古代、自然のなかから生まれてきた信仰です。昔の人々は、田畑を耕して作物を育てたり、魚をとったりして自然の恵みをいただきながら、一方で、突如として襲いかかる自然の猛威にさらされることもありました。そんなさまざまなものを生み出す自然の生命力と、人の力が及ばない激しさに、神の力を感じていったのです。

そして「八百万《やおよろず》の神」と言われるように、山や木、岩、滝などのあらゆる自然物にも神様が宿るとして、お祀りするようになっていきました。

自然と調和して生きるということは、自然のなかにいる神々へ感謝と畏敬の念を感じながら、神様とともに生きるということなのです。

ワーク・ライフ・ハーモニーを実践する

では、自然と調和して生活するには、具体的にどうすればよいのでしょうか。基本となるのは、「日の出とともに起きて、日中は太陽の日を浴びながら仕事に励み、自然の恵みを食事として体に取り入れ、日が落ちるとともに眠る」など、自然のリズムに合わせた生活です。しかしながら、現代人がこのような生活をするのは、ほとんど不可能でしょう。

そこで、私たちが心がけるべきなのは、時折、自然のリズムで生活することを自分に許すことです。

時間の余裕があるときには早めに仕事を切り上げて、早めにベッドに入る。そして、次の日の朝、日が昇り始める頃に起きて、朝日を浴びる。散歩をするのもよいでしょう。ほかにも、

・和食文化の伝統を踏まえた一汁一菜にしてみる。
・食事がなかなか摂れない人は、あえて旬の食材を買って、手間をかけて1食つくってみる。
・朝に窓を開けて新鮮な空気を取り込み、日頃手がつかない場所をきれいに掃除して、深呼吸する。
・夕暮れと共に照明を落とし、家の中も外と同じ明かりにして、スマホやパソコンから離れ、読書やストレッチをする。
・もともと日本では月のリズムが暦に取り入れられていたように、新月や満月の日に新たな行動をしてみる。
・育てやすい観葉植物などを部屋に置く。
・少し贅沢をして着心地のよい天然素材の衣服をまとい、肌に優しい快適な暮らしをする。

などもおすすめです。

そうやって、たまにでも、自然のリズムを意識した生活をすると、体の調子がよくなりますし、心のリフレッシュにもつながります。

実際、私も普段生活している青森と、妻のいる佐賀県との二拠点生活をしています。青森にいるときは朝から夜中まで仕事をしていますが、佐賀県に行ったときも仕事をしないわけではなく、妻の奉仕する福母八幡宮で神職として働いています。ただ、そこでは妻が宮司のため、いつもの働き方とは違い、規則正しい生活をしています。自然に溢れた境内をゆっくりと見回りしながら深呼吸すると、とても大きなリフレッシュになりますね。また、夫婦揃って宮司のため、時間が空いて外へ出かけられるときは、決まって神社へお参りして、お互いの意見をよく交わします。そのように、完全に仕事と生活を分けなくとも、調和させることでよい働きを実現できています。

ワーク・ライフ・ハーモニーを維持するもっとも大切な目的のひとつは、「心身の健康を維持すること」です。自然との調和を意識して、土台となる清浄な心身を保てれば、仕事にもプライベートにもさらに前向きに取り組めるようになり、自分らしい働き方、生き方につなげられるでしょう。

日本の神々ははたらくことと生活することは一体であることを教えてくれている。大事なことは自然から学び、真似る調和を大切にした日々の営みの在り方こそが、真の豊かさを得る。

四季のリズムで働き、休む

日本は四季のはっきり分かれた国で、季節によって変化する自然に合わせて生活をしてきました。農業や漁業は当然、季節の移り変わりに合わせて行われますし、季節ごとの行事もたくさんあります。

自然との調和を目指す神道も、四季を大切にしています。神社で行われるお祭りは、自然の中に宿る神様に感謝し、喜ばせるための儀式で、季節に合わせて行われます。

四季のリズムでＰＤＣＡを回すとうまくいく

春の象徴として2月17日に行われる「祈年祭《きねんさい》」は、その年の五穀豊穣を祈願するお祭りです。2月の青森市はまだ雪が多く廣田神社では3月21日に行われていますが、全国的には2月中旬は耕作が始まる時期。田畑をならして、豊作を祈りつつ1年の仕事をスタートさせます。

夏、7~8月には各地で夏祭りが行われます。夏は作物がぐんぐん成長する一方で、害虫や台風など災害、疫病の多い季節です。夏祭りの多くは、悪霊を鎮めて、災害から人々を守るためのもので、青森ねぶた祭りもそのひとつです。

実りの秋には、1年の収穫を天地の神様にささげて、収穫を喜び合う感謝祭が行われます。代表的なのが、11月23日に行われる「新嘗祭」で、2月に行われる祈年祭と対になるお祭りです。

収穫後の冬に行われる恒例式が「大祓《おおはらえ》」です。大祓は6月と12月の2回あり、12月の大祓は年越しの祓とも呼ばれます。心身の穢れや厄災の原因となる罪や過ちを祓う神事です。冬は、自分自身の気を回復させて、新たな1年に向けて力をため込む時期なのです。

季節ごとのお祭りと人々の営みを見てみると、四季のリズムはPDCAサイクルと似ていることがわかります。

春は、新しい仕事を始める時期。計画や目標を定めて、準備にとりかかります。

夏は、エネルギーが最大になる時期。目標に向かって注力していきます。ただし、適度に休息をとり、心身を健やかに保つ心がけも必要でしょう。

秋は、注力した結果が出る時期。成果を享受しつつ、計画や目標を達成できたかの評価を行います。

冬は、次の1年に向けて力をため込む時期。これまでの仕事を振り返って改善点や解決策を考えたり、新たな目標を探したりして、次の1年につなげます。

このように、1年単位で仕事の流れをとらえ、四季のリズムを意識してPDCAサイクルを回すメリットは、1年の目標と、今やるべきことを見失わずにすむところです。結果、まっすぐに成長・成功に進むことができます。これも神道的な自然と調和した仕事術と言えるでしょう。

季節を感じる生活で心に休息を

四季を意識して生活をすると、仕事だけでなく、プライベートな時間へもよい影響があります。忙しく働く毎日のなかで、少し立ち止まって季節を感じる時間をもつと、心の休息になるからです。

ただ単純に、季節ごとの地域のお祭りに参加するだけでもOKです。地域の神社、地域の人たちとのかかわりができれば、それも心の安定につながります。

お祭りに限らず、お花見や紅葉狩りなど、季節の草花を愛でたり、なるべく旬の魚や野菜、果物を食卓に並べたりするのもおすすめ。昔の人が夏に襖や障子を簾《すだれ》や簾戸《すど》に取り替えたように、季節に合わせて住まいのしつらえを変えたり、季節を五感で捉えて俳句を詠んだりするのもよいでしょう。

春・夏・秋・冬、そしてまた春と、そのとき、そのときの季節を感じる生活では、自然の神様を身近に感じ、感謝することができます。それが心の余裕をもたらし、新たな活力を生んでくれるのです。

> 自然のリズムに耳を傾け、心に余裕をもって、1年を通じて豊かな生活を送ることが、真の豊かさへの道である。

暮らしに生かす神道の作法

神道には、キリスト教の『聖書』、イスラム教の『コーラン』のような経典や教義がありません。明文化された教えや戒律をもとに行動を律する宗教ではなく、神様と向き合い手を合わせて、感謝や祈りを捧げるとともに、自分の生き方を振り返り、清浄な心を保とうとする信仰です。

神様にお仕えする神職は、毎日の祭祀（神様をおまつりする儀式）をもっとも大切な使命としています。

「型」を大切にして心を育てる

神職になるには、大学や養成所などでさまざまな研修が必要なのですが、もっとも多くの時間を費やすのが、祭祀に関する研修です。祭祀を行う際の作法全般を祭式《さいしき》といいますが、歩き方、もののもち方など、守らなければならない作法がいくつもあるからです。

たとえば、祭祀のときには、玉串をお供えするのですが、このやり方にも作法があります。玉串とは、神様が宿ると言われる葉のついた榊の枝に、紙垂や木綿《ゆう》を麻紐でつけたものです。

その作法は、「右手で枝の根元を上からもって、左手で葉を下から支え、胸の高さに捧げて一礼する。その後、玉串を時計回りに90度回して、根元を胸の前にくるように縦にもち、祈りを捧げる。さらに玉串を90度回して、根元を神前に向けて、両手で台（案）の上に置く」といった具合です。神社で祈願をするとき、実際に経験した方もいるでしょう。

ちなみに玉串の由来は、天岩戸《あめのいわと》隠れの神話にあると言われています。『古事記』には、天照大神《あまてらすおおみかみ》が弟の須佐之男命《すさのおのみこと》の乱暴な振る舞いに怒って、天岩戸（洞窟）に隠れて世界が闇に包まれてしまったとき、天照大神に出てきてもらおうと神々が行った祭りで、玉や鏡などをつけた真《ま》榊《さかき》を捧げたと記されています。

祭祀におけるひとつひとつの作法は、神様を敬う気持ちが込められていて、神様に失礼のないよう、神経の行き届いた合理的な動きになっています。こういった形式を大切にするのは、茶道や華道、武道と通じるものがあります。

お茶を点《た》てる手順や所作には型があって、その型を守ることが大切にされていますし、空手にも「型」という、技を一連の流れで披露する伝統的な演武があります。

型を大切にするのは、「かたちから入ってこころに至る」という考えがあるからです。まずはものまねでも、作法や所作を身につけることが大切で、それを繰り返すことで心が育っていくという考え方です。

大学時代、祭式の先生には、「こころはかたちを求め、かたちはこころを進める」と教わり、こころとかたちを重んじるよう習いました。

祭祀においても、神道の長い歴史のなかで守られてきた作法という器があって、そこに心が込められるのだと思います。

普段の生活においても、相手を敬う気持ちや真心を伝えるうえで、まず意識したいのが礼儀作法やマナーではないでしょうか。もちろん、形だけになってしまっては意味がないですが、形のない気持ちは相手からは見えませんし、伝わりづらいものです。

お辞儀をする作法には祭式のなかの場面に応じていくつか種類があります。基本的には神様に対しての所作になりますが、たとえば、一番深いお辞儀は「拝《はい》」という作法です。これは神様に対してのみ行います。しかし、その他は日常でも応用できるでしょう。二番目に深いお辞儀は平伏《へいふく》、磬折《けいせつ》といって60度です。これは祝詞奏上などのときにする作法ですので、私たちが対人で応用するならば目上の方に行うのがよいでしょう。また45度の深揖《しんゆう》はお祓いを受けるときなど。同僚や近しい先輩方との挨拶にもってこいです。最後は小揖《しょうゆう》といっていろんな動作の際に用いる15度の所作。まさしく会釈のように使用できます。

進左退右起右座左《しんさたいゆうきうざさ》というものがあります。これは神様に対して正中《せいちゅう》での動きの作法を説いたものです。日本では昔から左が尊いとされています。正面で対峙した際は向かって右（神様から左）が尊い位置になるので、進んだり退いたり、起き上がったり座ったりする際にどちらから足を出すかというものです。この基準は対象に対して、遠い方の足から動くというものです。ですので、その対象が反対になると、動かす足も反対になります。これらは少しでも圧迫感を感じさせないようにとの心遣いです。意識しないと気遣いはなかなか感じるのは難しいですが、そうした細やかな気遣いが知らず知らずのうちにできるようになっていると相手からの印象はよくなります。

「挨拶をするときにはきちんと立ち止まってゆっくりと頭を下げる」「ものを渡すときは両手を添える」など、簡単なことですが、型を大切にすることで、あなたの真心は伝わりやすくなるはずです。

神様に手を合わせる習慣を

毎日の習慣をもち、続けることもまた、型を守ることになります。

多くの神社では、毎日、朝のお参り（朝拝）にて、神前で「大祓詞《おおはらえのことば》」を奏上します。大祓詞は1000年の歴史がある祝詞で、穢れや罪を祓い清めて、災いを避けることを祈念するものです。毎日、毎日、繰り返すことが大切で、だからこそ心身や環境を清浄に保てるのです。

みなさんも、1日の始まりに、神様に手を合わせる習慣をもってみませんか？　神社によっては、神職以外の一般の参拝者も朝拝に参加できるところもあります。

あるいは、家の神棚に手を合わせるだけでも、1日、1日心身をリセットする効果があります。朝・晩2回、「おはようございます」「おやすみなさい」のあいさつをするように、神様に感謝と祈りを捧げます。神棚がない場合は、壁や台の上など、目線よりも高いところにお神札をまつり、そのお神札に手を合わせるのでもかまいません。

日々、神様と向き合う時間をもち、続けていくと、それが生活の型となって、心も徐々に満たされていくはずです。

日々の小さな作法が積み重なり、清らかな心を育て、神様の広大無辺な包容力をいただく。
それが、よきご縁と幸福を集める暮らし方への道である。

神棚・お守りがもたらす効果

前項でも少しお話ししましたが、家庭や職場など、生活の場に神棚があると、日々、神様の存在を強く感じられるようになります。神棚は人と神様をつなげるサーバーの役割を果たしてくれます。

頼れる存在がある安心感

神様を家の棚に祀る原型は、1300年以上前に編纂された『古事記』の記載まで遡ることのできる日本特有の文化です。現在のような神棚が家庭に置かれるようになったのは江戸時代中期以降と言われています。伊勢の神宮をはじめとした神社でお神札が多く配られるようになり、そのお神札を祀るものとして広まりました。

お神札は、神様の御霊《みたま》が宿る御璽《みしるし》で、家を守ってもらうためのもので、そのお神札を納める神棚は、家のなかにある「小さな神社」のようなものです。神棚があれば、神様とのつながりを深く感じられるようになります。

神道の神様は、他の宗教にとっての神様のような、自然や人間を創造した「全知全能の神」ではありません。よく「お天道様が見ているよ」などともいいますが、私たち日本人にとって神様は、いつもどこかで見守ってくれている、もっと身近で大切な存在なのではないでしょうか。

神棚があることで、その大切な存在がよりたしかなものとして感じられるようになります。いつでも神様がついていてくれるという安心感が得られるでしょう。

そして、朝・晩のあいさつだけでなく、誕生日、子どもの入学・卒業、昇進・昇給、業績アップなど、何かうれしい出来事があったとき、家族で神棚の前で手を合わせて報告することを習慣にすることをおすすめします。神様とのつながりはもちろん、家族のつながりをも強くできます。

また、家族にも、友人や仕事の仲間にも相談できない悩みがあるとき、神様になら正直に話せるのではないでしょうか。一人で悩み、頭を抱えているのではなく、神棚の前で神様に打ち明けてみてください。

神様を前にすると自分でもわからなかった本心が見えてきます。すぐに答えは出なくても、心にたまっていたものを吐き出すだけで、気持ちがすっきりするでしょう。

神棚を通じて、いつでも神様に話しかけることができる環境が、一人ひとりの心の安寧につながります。

神棚のある暮らし

神棚を祀るときには、いくつかのルールがあります。

まず、神棚の位置ですが、家族みんなが集まる場所に、南向きまたは東向きの太陽の光があたる場所にお祀りするのが理想です。なるべくなら、水回りの近くやドアの上などは避けて、目の高さより高い場所に設置しましょう。

ただし、家のつくりで難しい場合は、方角にこだわりすぎる必要はありません。何よりも、家族でお供えしたり、手を合わせたりしやすい、きれいな場所を選ぶことが大切です。

神棚の形やデザインについては、「こうでなければいけない」という決まりはありません。神社の建物の形をかたどった「宮形《みやがた》」が基本ですが、それ以外の形でもかまいません。今は部屋に溶け込みやすいシンプルなものや、ガラスでできたものまでたくさんの種類があるので、自分が手を合わせたいと思えるようなものを選んでください。

神棚へのお供えするものは、お米（生米や洗米）、塩、水が基本で、お酒や榊などもお供えします。お米、塩、水の3つをお供えする場合は、神様に向かって左から、水・米・塩の位置でお供えし、毎朝取り替えます。

また、1年間、神棚にお祀りしたお神札は、年末に神社でお焚き上げしてもらい、新年に新しいお神札を授かるようにします。

お守りが自らを奮い立たせるアクセルに

お守りもお神札と同じように、神様のお力を宿したものです。常に身につけておくと、いつも近くで神様にお守りいただくことができます。何か悪いことや不安なことがあっても、お守りがあれば安心感を得られます。

お守りには厄除けや良縁、安産、学業成就など、いろいろな種類があり、自分の願いや目標に合わせて選ぶものです。自分の選んだお守りを常に目の届くところに置いておけば、その願いや目標を常に意識して行動できるでしょう。自分を後押ししてくれるアクセルの役割を担ってくれるのです。

廣田神社ではより大切にもってもらえるよう、好きなお願い事の御神符を、好きなデザインのお守り袋に納められる、カスタマイズできるお守りが好評です。

商売は100年続けば「老舗《しにせ》」と呼ばれますが、神社は1000年以上の歴史があるところも珍しくありません。これだけ長い間、存続してきた神社には、私たちの目に見えない大きな力が宿っていると考えるのはおかしくないでしょう。そのお力をお神札やお守りという形で授けていただければ、こんなにありがたいことはありません。

神棚とお守りは、見えない力で私たちを支え、心の平安をもたらし、日々の生活に深い意味を与える。

⛩言霊のあるコミュニケーション

「そらみつ大和の国は皇神《すめがみ》の厳《いつく》しき国　言霊の幸《さき》はふ国と語り継ぎ言い継がひけり」『万葉集』に掲載されている歌の一節にはこのような言葉があります。これは「空に満ちる大和の国は、当地の神の厳格な国で、言霊の霊力が幸福をもたらす国だと語り継がれてきました」という意味です。

神道や日常生活に根付く「言霊信仰」

日本には古来より、「言霊信仰」があります。言葉には霊力が宿っていて、口に出すことによってその力が発揮されるという信仰です。祭祀で奏上される祝詞も、その根底にはこの言霊信仰があります。そのため、神職は一つひとつの言葉を大切に、できるだけ正しく、美しく祝詞を唱えています。

言霊信仰は、神道だけではなく、私たちの今の生活にも深く根づいています。おせち料理に使われる食材の名前を思い出してみてください。鯛は「めでたい」、昆布は「よろこ(ん)ぶ」、黒豆は「まめに働く」「まめに暮らす」といった意味が込められていて、これも言霊信仰のひとつと言えるでしょう。

また、普段からよく口にしている「いってきます」「いってらっしゃい」というあいさつもそうです。これらは「行く」と「来る」からできた言葉で、「出かけるけれど無事に帰ってきます」「出かけたら無事に帰ってきてくださいね」という願いが込められていると言われています。

反対に、言霊の力を恐れて、状況に合わせて使用を控える「忌み言葉」もあります。

披露宴では「去る」「離れる」などの別れを連想させる言葉は避けるのがマナーです。披露宴の終了を「お開き」と言い換えるのもそのため。また、身近なところでは、受験生に対しては、「滑る」「落ちる」といった言葉は、不合格を連想させるので使わない人が多いのではないでしょうか。

目標や夢は言葉にして、周囲の人に伝えていく

実際のところ、言葉には霊力のようなパワーがあると感じることが多々あります。私は廣田神社の宮司になってから、さまざまな新しいプロジェクトを立ち上げてきましたが、計画や目標を周囲に話すことで、実現への道を開いてこられました。

亡くなった方をお祀りする「祖霊社」を創建しようと決心したときもそうでした。先祖代々のお墓を維持できず、墓じまいをする人も増えるなか、故人やご先祖様の御霊がふるさとで永久に安らかに鎮まっていただける場所をつくりたいと考えてのことでした。ただ当時は私が宮司になったばかりで資金も経験もなく、正直、どうすれば実現できるか先行きは不透明な状態でした。けれども、「これからの時代、『祖霊社』は絶対に必要だ」という気持ちだけは強く、その思いを職員にも、周囲の人にも伝え続けたのです。すると、関心を寄せる人が増え、ぜひとも自分の最期

をお願いしたいですといった声が寄せられ、年々参拝者も増えて目途が立つようになっていきました。また、結果的に時間がかかったことで、その間にさまざまなご縁をいただいて視野も広がり、当初描いていた形よりもよりよい形で整備することも叶いました。果てには九州の和布刈《めかり》神社さんとも出合ったことで、神社が主導で執り行う海洋散骨としてはおそらく東日本で初めての事例となりました。その言霊を言い続けたことで、その言葉以上のことが起き、どんどん道が開けていったのです。

「祖霊社を創建して、ご先祖様、大切な人の居場所をつくりたい」という思いを公言することで、目標をもち続けることができ、さらに協力者や賛同者も集まってくれました。結果、令和3年（2021）11月、10年越しに祖霊社を創建することができたのです。

目標や夢があるのなら、そのことをどんどん言葉にして、周囲の人に伝えていくべきです。その言葉の力によって、応援してくれる人、アドバイスをくれる人、一緒にやろうと言ってくれる人など、味方が現れてくれるでしょう。また、繰り返し夢を語ることで、その言葉は自分を励まし、後押ししてくれます。

ただし、言葉にはプラスの力だけでなく、マイナスの力もあります。忘れてはならないのが、正しく言葉を選択することです。

私が心がけているのは、「他人に配慮しながらも、遠慮はしないこと」。当然、人を傷つけるような言動は避けなければなりませんが、だからといってふわっとオブラートに包まれたような、当たり障りのない言葉では人には届きません。目標や夢を語るのであれば、心の熱が伝わるような言葉を、素直に、ストレートに発すること。心からの言葉にまさるものはありません。気持ちがこもった言葉だからこそ、そこに霊力が生まれ、人の心を動かすのではないでしょうか。

言葉は心を映し出し、現実を形づくる。言霊を大切にし、日々を豊かに生きるための鍵となる。

第2章

宮司の仕事とは

宮司さんって何しているの？

私が「宮司になろう」と思ったきっかけ

宮司とはどんな仕事なのかを説明する前に、まず、私が23歳で宮司になるまでの経緯をお話しします。

田川家は代々、廣田神社の神職を世襲してきた「社家《しゃけ》」で、父は16代宮司を務めておりました。私はその長男で、姉2人と妹2人に囲まれて育ちました。

「宮司の長男」の生活とは

社家の長男というと、「毎日、神様を拝んでいたの?」「小さい頃から神道のお作法や礼儀作法を習わされてたんでしょ?」など、子どもの頃から、神社の跡取りとして育てられたと思われる方が多いかもしれません。けれど実際には、みなさんが想像するような英才教育は全く受けてきませんでした。

もちろん両親は、心のうちでは「神社を継いでほしい」という気持ちをもっていたでしょう。けれども、そう直接言われたことは一度もありませんし、ふつうの家庭と変わらない環境で育ちました。

神社に行くのは、お正月や夏のお祭りのときくらいでした。クリスマスにはケーキを食べ、サンタさんからプレゼントをもらっていました。後から聞いたところによれば両親は、「神職はさまざまな人と接して、人々の祈りを神様に取り次ぐ仕事だから、一般的な家庭生活や家族の行事を知っておいてほしい」と考えていたようです。

一方で、子どもの頃、両親から言われたのは、「広い視野をもちなさい。そのために、いろいろなものを見て、いろいろな人に会いなさい」ということでした。おかげさまで、小学生時代は書道や八甲田山のスキー教室、中学・高校生のときはバレーボール部の活動をしたり、美術専攻だったため絵を描いたりなど、自分のやりたいことを自由にやらせてもらいました。大学は神道文化学部へ進学しましたが、相変わらず、勉強よりも空手道部の稽古やサークルでの活動、友だちとの飲み会・バイトなどなど、遊びに忙しい日々。けれども、結果的にはそれがよかったのでしょう。大学4年生になって進路を考え始めたとき、「今まで自由にやらせてもらったけれど、1000年続いてきた神社を放り出してしまえるほどやりたいことは、自分にはない」と気づいたのです。

大学卒業後は、神奈川県にある寒川神社へ奉職しました。寒川神社を選んだのは、お恥ずかしながら、まだまだ東京近郊で暮らし、遊びたいと考えていたから、それだけの理由でした。東京近郊で就職先を探していたところ、たまたま求人が出ていた寒川神社に応募したのでした。

しかし、これも後でご縁を感じることになります。というのも、なんと父も廣田神社で神職になる前に、修行として寒川神社に奉職していたというのを面接で知らされたからです。全く想像もしていなかったのですが、偶然にも父と同じ境遇を歩むことになりました。

宮司としての父の姿を知って生まれた使命感

ただ神職として働き出した頃は「実家を継いで宮司になるのはまだまだ先のこと」と思っていましたし、どこかまだ他人事のように感じていたと思います。本当に覚悟が決まったのは、働き始めた約1年後、父が突然、亡くなってしまった後のことです。

父は亡くなる数年前から、体調を崩していたそうです。母が病院へ連れて行こうとしたこともあったそうですが、普段は穏やかな父が、「いま病院へ行ったら戻ってこられなくなる。そうなったら誰がこの神社を守るんだ」とひどく怒るので、それ以上は無理強いできなかったと言います。結局、父は亡くなる2週間前に入院するまで、休むことなく宮司の仕事を全うしました。入院前、「自分が必勝祈願を行った候補者がいるから」と、担当医に頼み込んで青森市長選挙の投票に行ったそうです。選挙で一票を投じるまでが、自分の仕事だと思っていたのでしょう。その後、病院へ戻った父親は、昏睡状態となり、目が覚めることなく亡くなりました。

父が亡くなった後、母や他の神社の宮司さんなどから、宮司としての父の姿を聞き、父がいかに強い使命感をもって宮司という職務に当たっていたのかがよくわかりました。そしてそのとき、父を誇らしく思うと同時に、宮司というのはそれだけ責任の重い仕事なのだと実感しました。父が病を押してまさに命をかけてまで守った神社を、私も次の世代の人たちに受け継いでいかなければならないという使命感と覚悟が生まれたのです。

自分が宮司になることで神社を守る使命を父から教えてもらった。人生における使命は最初から神様が示し、紡いでくださっている道。その使命に気づけるかどうかは覚悟によってもたらされる。

宮司の一日

宮司の仕事というと、「神様を拝むこと」「毎日、境内の掃き掃除をしている」といった漠然としたイメージをもっている人がほとんどでしょう。そのイメージも間違いではないのですが、実は、宮司の仕事の大半は、中小企業の社長が行っている業務とあまり変わりません。

中小企業の社長のような宮司の役割

神社のほとんどは、宗教団体として法人格を取得した「宗教法人」です。宗教法人も、一般企業と同じように経理や人事といった管理業務が必要になります。

たとえば、賽銭や寄付金、お守りなどを授与した売上などの収入や、宗教活動に必要な経費は、神社といえど、法人格を有している以上、日々、帳簿に記載し、予算、決算を明らかにすることで適正明瞭な護持運営を氏子・崇敬者に示すことが大切です。また、職員に給与を支払う場合は、一般企業と同じように所得税や復興特別所得税の対象となるため、源泉徴収の業務を行うことになります。

宗教法人の規模にもよりますが、こういった事務作業は宮司自身が行っている神社もめずらしくないですし、他の職員が担当していたとしても、最終確認は法人の代表である宮司が行う必要があります。

また、神社を護持運営するためには資金が必要で、地域の方たちにご寄付（奉賛金）をお願いすることもありますが、これも宮司の仕事です。一般の会社でいえば営業活動のようなもので、さまざまな団体の会合に顔を出したり、地域住民の家を1軒1軒回ったりして、協力をお願いすることもあります。神様だけではなく、周囲の方々に頭を下げなければならないのも、一般企業で働く人たちと何も変わりません。

宮司の仕事は、神社の経営者としての管理業務が8割を占めるのです。

忘れてはならない宮司の本業

ただし、宮司の本業は何かと問われれば、それは神事です。宮司にとって、優先順位の1位は、常に神様なのです。

ご寄付を集めるのも、神様がいらっしゃる本殿を修繕したり、神様に感謝と祈りを捧げるお祭りを行ったり、すべては神様に奉仕するためです。その本来の目的を見失ってお金を集めることだけに一生懸命になると、神事はおろそかになり、結果的に、神社の厳かな雰囲気は失われ、地域の人たちからもそっぽを向かれてしまいます。

宮司は、神様に奉仕し、神様と人との仲立ちをする「なかとりもち」として、本業に実直に取り組まなければなりません。

私の1日の仕事は、毎朝、30分~1時間をかけて境内の掃除をすることから始まります。廣田神社の職員の数は、私が宮司に就任した当時の6倍（アルバイトを含む）にもなっていますが、境内を清浄に保つため、忙しくなった現在でも、必ず掃除をし、境内の見回りは欠かしていません。

掃除の後は、神様にお米やお酒などをお供えし、朝のご祈祷（日供祭《にっくさい》）を行い、さらに大祓詞を唱えて自らを清めます。

日供祭をはじめ、神社では毎日、お祭りが行われています。例祭や新嘗祭など季節ごとに行われる大きなお祭り（大祭）や、新年を寿ぐ歳旦祭、皇室のご繁栄と国家・国民の安泰を祈る祭り（中祭）、毎月1日、地域の繁栄を祈る月次祭（小祭）のほかにも、一般の方からの依頼で行われる病気平癒《へいゆ》や厄除けなどのさまざまな祈願、お宮参りや七五三なども、「諸祭《しょさい》」と言われるお祭りの一種です。日々のさまざまなお祭りを取り仕切るのは、宮司の重要な役割です。

「先ず神事、後に他事」という言葉があります。これは鎌倉時代、順徳天皇によって書かれた『禁秘抄』という宮中の故事や作法に関する解説書に書かれた言葉で、天皇が第一に行うべきことは「神事」であることを表しています。これは宮司の仕事にも通じる言葉です。

そして、これは宮司に限らず、すべての経営者にも当てはまります。原点となる本業を一番大切にすることが、企業の寿命を伸ばすことにつながるのではないでしょうか。

8割、俗的仕事。2割、聖的仕事。でも向き合う心は24時間365日、10割神様。

神社経営の現実

日本にある神社の数は、8万709社（文化庁『宗教年鑑　令和5年版』）にものぼり、全国のコンビニエンスストアの数（約5万5000店）よりも多くなっています。住宅街の片隅やビルの隙間、田んぼの真ん中や山の頂など、日本のいたるところに神社はあります。

ちなみに、神社には大きく分けて2種類あって、ひとつが氏神神社《うじがみじんじゃ》といって地域を守ってくださる氏神様をお祀りする神社です。昔から地域の人々に信仰され、守られてきました。もうひとつは崇敬神社《すうけいじんじゃ》と言われる神社で、故人の特別な信仰などによって崇敬される神社です。たとえば、明治天皇をお祀りしている明治神宮などがこれに当たります。

複数の神社をかけもち、兼業する宮司がほとんど

約8万社の神社がある一方で、宮司はどのくらいいるのかというと、全国に約1万1000人しかいません。そのため、一人で複数の神社をかけもちしている宮司が多く、なかには50社以上の神社で宮司を務めているという人もいます。私自身、廣田神社以外に21の宗教法人格のある神社をお預かりしています。

これほど宮司のなり手が不足しているのは、経営が立ち行かない神社が多いからです。

神社の主な収入源は、お賽銭やご祈祷料、お守りやお神札などの授与品による収入(初穂料《はつほりょう》)、寄付金などです。しかし、こういった宗教活動による収入だけで経営が成り立っている神社は、ほんの一握りです。

想像してみてください。京都などの観光地にある有名神社や初詣に何十万~何百万人も参拝者が来る神社は別として、各地域にある小さな神社に1日何人の人が参拝に来るでしょうか? そしてお賽銭は一人いくら納めてくれるでしょうか? また、近所の神社で1年に1回でもお守りやお神札を受ける人は、どのくらいいるでしょうか?

いずれも非常に少ないことが容易に想像できるはずです。地域の神社に寄付をする人となれば、さらに少ないでしょう。

多くの神社の経営状態が厳しいなか、1年間の収入が300万円未満の宮司が6割以上とも言われています。それでは家族で食べていくのが難しいため、会社員や公務員と兼業している宮司が大勢います。青森市と周辺地区をあわせて100社ほどある神社のうち、生活するだけの十分な収入がある神社は5社ほどしかありません。そういう状況で、社家をやめてしまったところもあります。

存続の鍵は「地域の人とのつながり」

神社の経営不振・後継者不足は日本全国で起こっていて、その結果、神社の数は減少の一途をたどっています。國學院大学の石井研士教授の調査によれば、2040年までに3万2867

法人が「限界宗教法人」と位置付けられるとされています。

ではこんな時代にも、守られ、続いていく神社とは、どんな神社でしょうか？

ローマの遺跡のように歴史的価値があればよいかというとそんなことはありませんし、観光地でもなく、国の援助もない状態では維持していく収入を得ることも難しい神社がほとんどでしょう。ただ、それよりも重要なのは、地域の人たちとのつながりです。

たとえば、日頃の収入が少なかったとしても、お正月には地元の人々が集い、お祭りの際には金銭や労働力を惜しまず提供してくれたり、境内の修繕が必要な際には寄付が寄せられたりします。これらは単なる協力としてではなく、地域の人々が日々の感謝の念を神様に捧げ、神社を大切な存在として守りたいという思いがあってこそ成り立つのです。こうした「ご奉仕」の心が広がれば、結果として神社そのものの収入は微々たるものでも維持することができるでしょう。

あるいは、近くを通ったついでに「ちょっとご挨拶」といった感覚で、出退勤や外にお出かけする通り道としてお参りするのが習慣化され、毎日50人ほどお参りされる神社だったらどうでしょう。一人のお賽銭が100円であったとしても、ある程度の運営資金を確保できます。

まず、地域の人たちにとって、現在進行形で祈りを捧げる場所、拠り所となるという、本来の神社の役割を果たすこと。そうすれば結果として、守られる存在になれるのです。

歴史と伝統を守るという風景から、祈り願う、心の拠り所へ。

宮司と経営者の共通点

宮司にとって「優先順位1位は神様」であるというお話をしましたが、宮司は自身のことを、「奉仕している神様の一番のファン」だと思っています。神様は「推し」であり、宮司の仕事は「推し活」に通じるところがあります。

24時間365日、神様のことを考えて、何よりも、まずは神様を喜ばせるために働いているのです。

宮司にとって神様は「推し」のような存在

推し活にお金がかかるように、神様に奉仕するにも必ずお金がかかります。たとえば、神様をお祀りする本殿の屋根が老朽化で壊れてしまったとき。神様にとって居心地のよい環境を整えるために、すぐにでも修理したいところですが、これも資金がなければできません。以前、私どもの神社の屋根に穴が空いて雨漏りしてしまったとき、業者に見積もりをお願いしたところ、修理代は約1000万円とのことでした。境内の修繕費用は、国や自治体に頼ることはできないので、自分たちで用意するしかありません。

こういう場合、氏子や地域の人たちの寄付に頼ることも多いのですが、何かあるたびに、寄付だけでどうにかしようとするのは無理があります。

何かが起こってからではなく、日頃からご寄付を募る必要もあるでしょうが、さらに自分たちだけで得られる収入を確保して、資金をつくる努力もしなければなりません。

一方で、資金集めに一生懸命になりすぎると、いつの間にかお金を稼ぐことが目的になってしまう危険性もあります。近年、宗教とお金の問題については、世間から厳しい目が向けられていますが、宗教ビジネスと言われるような、宗教をお金儲けに利用するような行いは、当然できません。ただお金を儲けるだけなら、神社を経営する意味はなくなります。お金が欲しいだけなら、もっと儲かる商売を始めればよいだけです。

何度も申し上げている通り、神社が収入を得るうえで忘れてはならないのが、「すべては神様のため」という原点です。

廣田神社では、通常の御朱印のほかに、月替りの御朱印やお祭り限定の御朱印を授与していて好評なのですが、だからといって次から次へと新しい御朱印を授与すればいいというわけではありません。御朱印を受けに来るだけの人を増やしても意味がないからです。

私たちが期間限定の御朱印をつくったのは、御朱印を入り口としてより多くの人に廣田神社にお参りしていただくためです。ですからデザインも単に可愛いだけではなく、神道や郷土文化、廣田神社を感じてもらえるものを意識しています。神様に手を合わせてくださる人が増えて、それが収入アップにもつながれば、それをまた神様に還元できます。

神社を経営する宮司として、もっとも大切にすべきは、「神を敬い祖先を崇め、神道の大道をもって人類の福祉向上を目指し、世に平和と繁栄をもたらす」という大義なのです。

神社も一般企業も、経営者にはミッションが必要

大義はミッション（使命）とも言い換えられます。ミッション（使命）を大切しているのは一般企業の経営者も同じでしょう。

どんな組織にも、ミッション・ビジョン・バリュー（MVV）が必要だと言われます。

ミッションは、その組織がなんのために存在するのか、社会に果たすべき使命や役割を指します。

ビジョンとは、目指すべき理想像を意味します。ミッションを実現するため、組織としてどんな状態になっていたいか、より具体的な目標です。バリューとは、組織として大切にしている価値観や行動指針のこと。ミッションとビジョンを実現するためには何をすべきか、言語化したものです。

廣田神社では、ミッション、ビジョン、バリューを以下のように定義しています。

・ミッション：神を敬い祖先を崇め、神道の大道をもって人類の福祉向上を目指し、世に平和と繁栄をもたらす。（神道は太平を開く基本基礎です。向かうところを明らかにして実践していく使命を表す祈りとも言い換えられます）。

・ビジョン：目指す先、立ち返る先一日、一年、一生を共にする廣田神社。（ずっと地域に寄り添い、人々のために祈り続けてきた廣田神社。常に人々の側にいて、共に心を痛め、共に乗り越え、共に支え合う、人々の暮らしの近くにあり、日々を並走する神社であることでもたらす平安）。

・バリュー：「信仰」を育む関係と環境を整える（ミッション、ビジョンを実現するために必要な信仰を育むための祭祀）。

を掲げ、実行しています。

MVVがわかれば、廣田神社がどんな特徴をもった神社なのか、社会や周囲の人たちにどんな価値を提供してくれるか、イメージしやすくなります。結果、廣田神社を魅力的に感じてくれる人がいれば、参拝者を増やすことができます。さらには、節目節目に神社に通ってくれたり、寄付金を納めてくれたり、廣田神社のファンをつくれるかもしれません。一般企業であれば、顧客や株主などを開拓できるでしょう。

また、MVVによってなんのために働くのか、どんなふうに社会に貢献できるのか明確になると、職員や従業員のモチベーションアップにもつながります。MVVに共感できれば、自分たちもミッション実現に貢献したいという気持ちになるからです。

MVVは、自分が成長していくにつれ、あるいは、神社が拡大するにつれ、時代によってどんどん変容しても構わないと考えています。ただ、大事なのは芯がぶれないものをつくることです。

実現したい世界を明確にもって、その世界を実現するために貪欲に行動すること、リーダーに必要なことは、神社の宮司でも、一般企業の経営者でも同じなのです。

強い使命感による人と社会への寄与は、共存共栄の平安な世界へと導くための実践の積み重ね。

⛩ 伝統と革新

私が宮司に就任してから、神社を守っていくために、新たなお祭りを企画したり、授与品を増やしたり、さまざまなことに取り組んできました。おかげさまで、地元・青森のテレビや新聞、雑誌でもたくさん取り上げていただき、今ではXやインスタグラムといったSNSのフォロワー数は、県内の神社のなかで最多となっています。

神社の認知度が上昇するなかでよく言われたのが、「廣田神社さんは、次々と新しいことを始めていてすごいですね」ということ。けれども、私自身は「新しいこと」をやっているという気持ちはまったくありませんでした。

宮司として始めた取り組み

私が始めた取り組みのひとつに、SNSを活用した「ライブ配信」があります。コロナ禍で、家にこもりがちになっている方たちが神社とつながれる場をつくりたいと企画したものです。同じようにSNSの活用に積極的な神社とコラボして、同時中継をしながら神社の由緒や御神徳の説明をしたり、境内の様子や御朱印を書いている場面を公開したりしました。このライブ配信を見て、実際に神社にお参りにきてくださった方が大勢いて、コロナ禍にもかかわらず拝殿の前に行列ができたこともありました。

また、令和元年（２０１９）に初めて行った金魚ねぶた献灯祭は、今では夏の恒例行事となっています。

ねぶたというと、幅10m近くにもなる大きな人形型のねぶたを思い浮かべる人が多いでしょうが、金魚ねぶたは、サッカーボール大の金魚型の灯籠です。江戸時代から津軽地方で飼育されていた金魚「津軽錦」をモデルにつくられたと言われていて、昔は、ねぶた祭りの期間中にお店や家庭の軒先に飾られ、青森市民にとってはおなじみのものでした。ところが、青森ねぶた祭りが全国的に有名になり、規模が大きくなっていくなかで、徐々に忘れ去られた存在になりつつあったのです。そこで、改めて金魚ねぶたの魅力を知ってもらおうと企画したのが「金魚ねぶた献灯祭」です。金魚ねぶたは職人がひとつひとつ手づくりするため、約２００万円の資金が必要でしたが、クラウドファンディングで寄付を呼びかけたところ、直接寄附された方を含め半分以上の120万円が集まり、新しいお祭りの開催にこぎつけることができました。ねぶた祭りの期間中には、祭りの運行ルートにある廣田神社の大鳥居に、130個の金魚ねぶたを掲げて、ライトアップ。その様子が「ばえる」と評判になり、第1回目の点灯式の日には「#金魚ねぶた献灯祭」が、青森県内でSNSのトレンド1位になるほど話題となりました。世界中の人たちに金魚ねぶたの魅力を楽しんでいただいています。

伝統を守るために革新を加える

このほかにも新しいお守りをつくったり、お祭りを新たな形で復活したり、廣田神社として新しく始めたことはたくさんあります。ただ、どれも私が一からつくりあげたものではありません。ライブ配信は、SNSという新しいメディアを使ってはいますが、その内容は昔から宮司が仕事として行ってきたこと、神社に受け継がれてきたものを見せているだけです。

また、金魚ねぶたも地域で長く親しまれてきた文化で、昔からあったものです。それを支援の集める方法や見せ方を新しくして、リブランディングしたことで、魅力を再発見してもらうことができました。

時代によって流行が変わり、文明が発達しても、「人々が神様に祈り、感謝する場所」という神社の役割は昔と変わりません。そこで働く神職の仕事も同じです。

一方で、神社を守っていくには未来に目を向けて、今できることを探して、実践していくのも大切でしょう。

私の場合は、「できるだけ早く新型コロナウイルスの流行がおさまってほしい」「コロナ禍で不安になっている人々を元気づけたい」「ふるさとの文化を守って地域に貢献したい」という未来への思いがあって、そこから廣田神社として何ができるかを考えた結果が、SNSのライブ配信や、クラウドファンディングを活用した金魚ねぶた献灯祭となったのです。

「伝統を守るために、そこに革新を加える」。それが今を生きる私たちだからこそできることだと考えています。

> 紡がれてきた伝統に、現代のエッセンスを一滴垂らす。

神道的リーダーシップ

宮司というと「教養があって、清廉潔白で過ちを侵さない人物」というイメージをもっている方が多いように感じます。私も23歳で日本最年少の宮司になったと言うと、「すごいですね」「若い頃から優秀だったんですね」などと言われたりします。けれどもこれまでお話ししてきた通り、私が若くして宮司になったのは先代の父親が急逝したためで、私の努力や能力は関係ありません。

むしろ勉強は苦手で、中学生時代は320人いる同級生のなかで、成績は290～310位くらいが定位置。高校進学の際は、選択肢が限られていて苦労しました。さらに社会経験もそこそこに宮司になってしまったので、当初は本当に未熟なリーダーだったと思います。

ただ、「神職はこうあるべき」という思いだけは強く、当時働いてくれていた3名の職員にも、「出社したらすぐに仕事を始めて」「参拝者への対応が遅いからもっと早く」など、毎日、口うるさく注意していました。とくに間違ったことを言っていたわけではありませんが、今、振り返れば、自分のやり方をただ押し付けていただけだったと反省しています。結局、私が宮司に就任して3年後には、全員がやめてしまいました。宮司、失格です。

こういった苦い経験のなかで学んだのはリーダーとしての振る舞い方です。リーダーは、正論を言えばいいわけではありません。いくら正しいことを言っていたとしても、相手に受け取ってもらえなければ意味はないでしょう。

神話に学ぶ「チームで目標を達成する方法」

指導という言葉の意味を辞書で引くと、「ある目的に向かって教え、導くこと」とあります。まず、リーダーに必要なのは、仕事の目的・目標を明確にして、メンバーに共有することでしょう。その後は、その人その人に合った方法で目標を達成できるようにサポートすればよいと考えています。

『古事記』に記されている有名な神話に「天岩戸」の話があります。

高く澄み渡った空の上、高天原《たかまのはら》という神々が住んでいる場所に、太陽の神である天照大御神がいました。あるとき、その弟の須佐之男命が訪ねてきて、機織り機のある機屋の屋根に穴を開け、そこから皮をはいだ馬を投げ入れるいたずらをします。するとそこにいた機織女《はたおりめ》は大けがをして死んでしまいました。そのことに心を痛めた大御神さまは天岩戸という岩屋（洞窟）に隠れてしまったのです。

すると、世の中は真っ暗になってしまい、さまざまな災いが起こるようになりました。困った神様たちは集まってどうしようかと話し合っていたところ、思金神《おもいかねのかみ》という知恵の神様が一計を案じます。

神様たちは大御神さまの気を引くために、岩屋の前に捧げ物をして祝詞を唱え、踊りの上手な天宇受売命《あめのうずめのみこと》に踊らせて、みんなで笑い、歌ったりしたのです。そのにぎやかな様子が気になった大御神さまが岩戸を少し開けます。そこを力持ちの天手力男神《あめのたぢからおのかみ》が大御神さまの手をとり、岩戸より引き出すことに成功。高天原に平安が戻ったのでした。

神様も、「天照大御神さまに外に出てきてもらう」という同じ目的を共有し、その達成のために力を合わせたのですね。ここで重要なのは、それぞれがもっている能力を生かした点でしょう。問題解決力に優れた知恵の神様、踊りが得意な神様、力自慢の神様と、それぞれが得意分野を生かしたからこそ、大御神さまを外に連れ出すことができたのです。

現代の組織でも、個人個人が、その人のもつ能力を生かして、効率よく仕事ができるのが理想です。リーダーは自分のやり方を押し付けるのではなく、メンバー一人ひとりの意見を聞きながら、それぞれの得意分野に合った役割を与えたり、その人に合ったやり方を見つけたりする必要があると考えています。

とりわけ私が大事にしているのは、最初はいろんな仕事をさせてみるということです。そうすると、好きな仕事、本人は苦手と言っているけれど実はよくできる仕事など、特性が浮かび上がってきます。そこから、好き嫌い、得意不得意のバランスを見ながら、仕事を振り分けるようにしています。

また、令和4年(2022)から職場の雰囲気を知ってもらうための採用向けにPodcastを始めました。神社のことを職員があれこれとお話しするのですが、これが意外と職員の人物像をよく知ることができるツールになっています。上司と部下が話す、1on1とはまた違ったそれぞれの気持ちや仕事に対する想いを知ることができ、外に向けての配信ですが、私自身はむしろ、職員を知ることができる非常に有効なツールになっています。

向かう道を示し、歩く意味を伝え、その方法を教える。結果を共有したら手段は十人十色に合わせて導く。

自然信仰とサステナブル経営

ＳＤＧｓ（Sustainable Development Goals／持続可能な開発目標）という言葉も広く知られるようになり、企業にも「サステナブル経営」が求められるようになっています。サステナブル経営とは、環境・社会・経済が持続的に発展し、維持されることを目指す経営手法のこと。新しい考え方のように感じるかもしれませんが、実は、１０００年以上の昔から、サステナブルな営みをしているのが神社です。

神社が続けるサステナブルな取り組み

神社の多くは木々に囲まれています。その森は地域を守る神様が降りてくださる聖域と考えられていて、「鎮守の森」として神社とともに長く守られてきました。それが地域の自然保護、森に住む動物や鳥、虫などの生態系の保全にもつながっています。また、森の木が社殿を修繕するための材料に利用されるケースも多く、鎮守の森はまさにＳＤＧｓの象徴のような存在なのです。

ちなみに神様は一柱、二柱と数えますが、これは昔から神様は樹木に宿ると考えられていたためです。「木」と「主」からなる「柱」を助数詞として使うようになったと言われています。

また、伊勢の神宮の式年遷宮も、神道式のサステナブルな営みと言えるでしょう。式年遷宮は、

20年に１度、神宮のすべての社殿や御装束神宝《おんしょうぞくしんぽう》を新しいものに造り替えて、その新宮に大御神様にお遷りいただくお祭りです。現在まで、約１３００年にわたり繰り返されてきました。

新宮の材料となる木材は、国有林をはじめ、式年遷宮のために育てられた宮域林《きゅういきりん》で計画的に育てられた木々ですが、神宮は将来、鎮守の森での自給自足を目標に「神宮森林経営計画」を策定。１９２３年から２００年生のヒノキの育成に取り組んでいます。一方、式年遷宮で解体された古い社殿に使われていた木材は、全国の神社の造営などに再利用されています。

伊勢の神宮は、古くなったものを定期的に造り替えることで、常に若々しく美しく保たれる永遠性を求めています。それにより、遺跡としてではなく、いま現在も神様に祈りを捧げる場として、１０００年以上前のままの姿を現代に残しているのです。世界的に有名な建築家のアントニン・レーモンドは、神宮を「世界でもっとも古くて新しいもの」と絶賛したそうです。

１０００年先の未来に向けて今だからできることを

神社は、建物や森、そこで行われる営みを１０００年以上も守ってきました。私たち神職が目指すのは、先祖が守ってきたものを、さらに１０００年先まで残すことです。もちろん、いま現在の利益も度外視できませんが、それよりも１０００年後の未来に向けて、今できる持続可能な取り組みを考えていかなければならないでしょう。

廣田神社では、国内で新型コロナウイルス感染症の流行が始まった頃から、日本唯一の病厄除守護の神社として、「新型コロナウイルス疫病退散病厄除祈祷」を執り行ってきました。天明の大饑饉を無事治めた故事にならって、1日でも早いコロナ禍の収束と世界の人々の安寧を祈るために始めたものです。あわせて、新型コロナウイルス疫病退散厄除祈祷のお神札を一体一体奉製し、無料で配布したところ、多くの方が参拝にいらしてくださり、結果、数万体のお神札を授与しました。

このような取り組みも、神社が残り続ける限り、1000年後には「廣田神社は令和の時代、新しいウイルスによる感染症のパンデミックが起こったとき、祈りを捧げることで、病厄除守護としての役目を果たした」というひとつの歴史として残っていくはずです。

また、風除室の新築や社殿などの修復でどうしても発生してしまう端材を奉賛品として生まれ変わらせる取り組みも始めています。現在は端材を薄い板状にして、御朱印にしたり、絵馬や神棚にしているほか、一般にも分けており、新しいお店のカウンターやサウナカーの燃料としても使用されています。今後は、さらにさまざまな品物をつくっていく予定です。これも鎮守の森の恵みを大切に使い切る文化として、残していきたい取り組みです。

過去から受け継いだものをそのまま守っていくだけでなく、世代を超えて受け継がれる新しい歴史や文化をつくり、受け継いでいくこと。それが今を生きている宮司の役割だと思っています。

人間時間ではなく、自然時間。5年後、10年後の前に100年後、1000年後を考える。
共生と調和からなる永遠性の世界づくり。

第3章

神社とお金

財政難の神社を黒字化する経営戦略

単なるビジネスじゃない　神社経営の内幕

お守りは神社の主な収入源のひとつですが、私が宮司に就任した当時、廣田神社で頒布していたお守りの初穂料は350〜500円。全国的にみても500円程度が一般的でした。みなさんは、この500円という金額、お守りの代金として妥当だと思いますか？　その頃の私は「お守りの価値はその程度のものなのか」と疑問に思っていました。

お守りやご祈祷がもつ本来の価値

そもそもお守りは、「買う」ものではありません。「授与品」という言葉からもわかるように、神様から授けていただくものです。そのため、お守りの金額は「価格」ではなく、「初穂料」と言います。

初穂というのは、その年に初めて収穫された稲穂のこと。実りの秋に感謝の気持ちを込めて神様にお供えしていたため、「神様に供えるもの」の意味でも使われるようになりました。そこから、お供えする金銭のことは、「初穂料」と言われるようになったのです。

お守りは神様のお力をいただくものですから、本当は、値段はつけられません。昔はそれぞれが自分の「お気持ち」を納めて、いただくものでした。しかしそれだと、いくら納めればよいかわからないという人が増えたため、神社が「初穂料は〇〇〇円」と決めるようになったのです。金額が決められてしまえば、それはそのものの価値を測るひとつのものさしになってしまいます。500円程度で比較的手軽に手に入れば、その分の価値しかないと感じてしまう人も少なからずいるでしょう。そのせいか、いただいたお守りを大切に、肌身離さずもち歩いている人は減っているように感じます。つまり、お守りの本来の価値や役割が忘れられてしまっているのです。

ご祈祷に関しても、私には同じような懸念がありました。初宮参り、七五三、厄除祈願など、人生儀礼のご祈祷は、本来、神様の前でこれまでの人生を振り返って感謝したり、今後の成長を祈ったりする場ですが、そういう意識をもっている人は少ない。たくさんあるイベントのひとつとして、写真を撮ることに一生懸命になっている人も多いです。

こういった現状は、お守りやご祈祷の意味やありがたみをきちんと伝えられていない宮司にも原因の一端があると考えています。

金額以上の価値を感じてもらえるように

神社経営は単なる商売ではありません。第2章でも説明した通り、神様に奉仕し、神様と参拝者の仲立ちをする「なかとりもち」が本業です。経営を成り立たせるには、その本業を通して、神社や神様のファンを増やしていく必要があります。授与品やご祈祷の意味や価値を、参拝者に正しく理解してもらうのも私たちの務めなのです。

廣田神社の場合は10年ほど前から、初穂料を1000円ほどに金額を上げたうえで、金額以上の価値があると感じてもらえるよう、お守りをより丁寧に取り扱うようにしました。

宝飾店を思い浮かべてもらえるとわかりやすいでしょう。ジュエリーや時計はガラスケースに入れられ簡単には触れられません。取り出すときには素手でなく手袋をはめて、トレイに載せられます。このように丁寧に扱われる品に対して、人は高い価値を感じるものです。

そこで当社では、参拝者が自由にさわれないようにお守りの見本をガラスケースに入れて展示しています。また、授与する際には、手渡しではなく、折敷《おしき》という神事に使われる角盆に載せてお渡しししています。

このほか、グラフィックデザイナーさんがデザインしたお守り袋をつくって、もち歩きたいと思ってもらえるような工夫もしています。

ご祈祷に関しても、初穂料5000円の神社がほとんどでしたが、当社では1万円にして、その分、丁寧に儀式を執り行うよう、職員全員に徹底しています。お辞儀の角度や歩くスピードなど、決められた作法を折り目正しく行うのが基本で、職員全員で行う朝のご祈祷（朝拝）のとき、所作が乱れているところがあれば、お互いに指摘するようにしています。作法ひとつひとつを丁寧に行うことで、ご祈祷を受けるみなさんにもその緊張感が伝わるので、より厳かな気持ちで儀式に臨んでいただけるようになったと思います。その証として、1万円以上お包みされる方も多数いらっしゃいます。

神様とのつながりを感じられる品や儀式には、他のものには代えがたい価値があるはずです。参拝してくださる方々にその価値をどのように伝えるのか、それが神職の頭の使いどころであり、重要な役割なのです。

> 売る・買うのではなく、授ける・受けるという感謝の心。無形の神様の価値を有形にして授与する誠の責任。

42・5%は兼業宮司!?

第2章でも触れた通り、神社経営の現状は非常に厳しく、十分な収入を得られている宮司は多くありません。年間の収入が100万円に満たない神社も山のようにあります。宮司だけでは食べていけないので、他の職業をしながら宮司を続けている兼業宮司も大勢います。

多いのが公務員と神職の兼業

たとえば、多いのが役所の職員や教師など、公務員をしながら宮司を務めている人です。公務員は、兼業や副業が禁止されているイメージが強いかもしれませんが、限られた職種において、任命権者の許可があれば勤務時間外に限って他の仕事をすることが許されています。神職もそのひとつです。

地方公務員の場合、勤務先が近く、勤務時間が比較的規則正しいですし、土日祝日は基本的に休日となりますから、朝拝や季節のお祭りなどの神事と両立しやすいというのが理由のひとつでしょう。

少し古いデータではありますが、全国に約1万1000人いる宮司のうち、兼業宮司は約42・5%となっています(『神社新報』2010年7－9月号)。つまり、約半分の宮司が、神職以外の職業をもっているということ。現在は、さらに増えている可能性もあります。

専業でも兼業でも神職の役割は同じ

先にも述べた通り、宮司と他の職業を兼業するのは、経済的な理由からやむを得ずという人がほとんどです。一方で、同じように経営難が理由で、廃祀する神社も増えています。つまり、兼業してまでも宮司として尽力してくださる人たちがいるからこそ、長くその土地を見守ってきてくださった神社が維持されているとも言えるのです。

兼業でも専業でも、宮司としての心構えや務めは変わりません。大切なのは、誇りと喜びをもって神様に奉仕できるかでしょう。

実は、私の祖父も高校の英語教師として働きながらの兼業宮司でした。海外旅行が珍しい時代、祖父は米軍の通訳も務めていたため、神社にはアメリカ人が頻繁に訪れ、父は珍しいチョコレートをよくもらったそうです。一方、祖母は早くから女性神職資格を取得し、神仏への信仰心が篤く、御祈祷や講社《こうしゃ》の運営で神社を支えました。とくに「二十三夜講《にじゅうさんやこう》」ではたくさんの女性が集まり、直会《なおらい》が行われるなど、現代の女子会のような交流が盛んでした。

また、私の妻は、佐賀県福母八幡宮の41代目宮司を務めていますが、就任当時は、月収5万円にも満たない状態で、アルバイトをしながら奉仕していました。そこから、ＳＮＳの活用や新しい授与品などのアイデアで「安産・子育ての神様を祀る神社」としての由緒・御神徳を広め、今では専業宮司となっています。努力次第で、現状を変えていくこともできるのです。兼業・専業にかかわらず、宮司として自分なりのご奉仕の在り方を考えていくことが、日本人の心の拠り所ともなっている神社を守っていくことにつながります。

女性神職の大きな可能性

近年、女性の神職が増えています。その理由は、跡継ぎ不在や男性宮司の急逝などによる不意の事情が挙げられることも多いですが、昨今は自ら興味や関心をもって神職を目指す方が増えていると実感しています。

現在、神職の世界は男性社会と言っても過言ではありません。実際、全国で約2万人と言われる神職のうち、女性神職は全体の1割程度にすぎず、宮司の数に関しては、25人に1人にとどまるとも言われています。そのような状況のなかで、廣田神社では、アルバイトも含め現在20人前後が働いていますが、宮司以外の神職、巫女、事務員を含むすべての職員が女性という、極めて珍しい状況にあります。

これは意図的にそのような組織づくりを行ったわけではなく、不思議とコロナ禍以前から自然にそのようになりました。無論、単に女性の比率を増やすことが目的ではありません。それでは事業所として健全とは言えません。

性別に関係なく、仕事の共有や結果を大切にすることで、男女隔てなく同じ目線で見ることが、性差を感じさせない職場環境をつくるうえで重要であると考えています。

とはいえ、何でもかんでも男性と女性が同じであるかというと、性差による違いを感じる場面もあります。もちろん一概には言えませんが、たとえば男性はスケールの大きな仕事（建築物の建設や大規模なイベントの開催）に向いていると感じる一方で、女性はミクロな仕事（人と接する場面やソフトな業務、物事の正確さなど）を得意とする傾向があるように思います。そのため、一人ひとりの特性を把握し、女性の得意分野を生かして伸ばすことができれば、「男だから」「女だから」と性差を意識する必要はなくなると考えています。

昨今、日本国内だけでなく、女性管理職の登用や積極的な活躍が進められています。しかし歴史を振り返ると、現在の神職の男女比率からは想像しにくいことではありますが、実は女性運動の先駆けとなったのは女性神職。その活動は国内のみならず海外にも広がっていました。そのような先人たちの活動に続き、いま再び女性が神職として活躍しているのです。

男性が多い神社界において、当社で奉仕するなかで、男女の性別によって不都合が生じるような仕事は基本的にありませんし、これまで男性職員がいないことで困ったこともありません。

しかしながら、女性神職が増えることで、出産や子育ての問題は避けて通れない課題です。たとえば、出産に伴う忌み穢れの信仰的な問題についても再考する必要があり、一般社会と同様に産前産後休業や育児休業、不妊治療に伴う突発的な通院対応などの仕組みを整備することが求められます。とくに一人宮司が多い神社界においては、不在時の護持運営の保証を含め、こうした課題を一社単位ではなく、業界全体で考えていく時期に迫られています。

一方で、廃祀神社の増加や後継ぎ不在の問題に関しては、女性神職をさらに広く受け入れることで、このような問題に一定の歯止めをかけられる可能性もあり、一般企業よりは難しいながらも、神社業界に興味をもってくださっている女性の方に、働きやすい環境を提供するのが重要だと考えています。

兼業でも専業でも生活の基盤をつくる。最後の一世帯まで神職として神社を守る使命をもつことが大事。

黒字化への道

私が宮司に就任した当時、廣田神社の経営は赤字に近い状態で、神社を守っていくためには「黒字化」が最大の課題でした。はじめは何もかも手探りの状態でしたが、私がまず取り組んだのは、境内の整備と組織の健全化でした。

ジャングルと化した庭園を整備

廣田神社は1000年以上の歴史がありますが、実は1945年の青森大空襲で、社殿をはじめ数多ある社宝はすべて焼失しました。さらに戦後、境内の真ん中を通っていた表参道が、道路地として収用されたため、境内が二分されることに。現在の社殿は1972年に、地域の人々の寄付によって、場所をかえて再建されたもので、もう一方の土地は末社の神苑として整備されました。

しかし、赤字の状態が続くなかで庭園は手入れが行き届かなくなり、いつしか草木が鬱蒼と茂るジャングル状態になっていました。そこには廣田神社の二番社である金生《かねうみ》稲荷神社もあるのですが、参拝してくださる方はほんのわずかで、総代の方々も「暗くて怖い」とほとんど近寄らないような状態でした。

総代とは氏子崇敬者の代表者で、宮司の依頼や地域住民からの選出で決まります。お祭りの準備や片づけ、境内の掃除のお手伝い、神社運営について話し合う会議（総代会）への参加など、さまざまな面で宮司や神社を支えてくださるサポーターのような存在です。

そんな総代の方々さえ近づきたがらない庭園をこのまま放置することはできないと、一念発起。自分で草刈りをはじめ、独学で木の剪定もやってみたのですが、すでに私たちだけでは手に負える状態ではなく、最終的には、造園業者に頼んで一度、大木以外ほぼ更地の状態まできれいにしてもらいました。その後は自分の給料から毎年10〜20本の木を奉納したり、神社の事業として枯山水を整備したりしてきたところ、10年たった今では、季節ごとに緑や花が楽しめる庭園に生まれ変わり、神苑としての趣も日々増しています。

さらに、汚れて傷んでいた金生稲荷神社の社殿も、総代の方々の協力のもと、きれいに掃除し、赤い塗料が剥げてしまった部分は自分たちでペンキを塗り、補修しました。

庭園や稲荷神社を整備した効果はてきめんで、参拝者は何倍にもなりました。整備前の一年分のお賽銭額が、約10日で集まるようになったのです。

総代会の健全化

もうひとつ、私が宮司就任後に気になったのが、総代会がうまく機能していなかった点です。当時、神社の規則にのっとった正式な総代は12名でしたが、総代会には以前総代を務めていた方も含めた60名が参加していました。ところがその中身はというと、飲み食いしながら、雑談するだけの集まりになっていたり、会議の際は、私が未熟だったのもありますが、罵詈雑言を浴びることも少なくはありませんでした。

ただそれよりも問題だと思ったのは、総代会の参加者に比べ、お祭りの準備などの手伝いに参加してくれる方が極端に少なかったことです。総代の方々がサポーターとしての役目を果たしてくれなければ、神社を守っていけません。

そこで私が心がけたのが、事あるごとに総代の方々に神様の話をすることです。みなさんに神様に手を合わせる気持ちをもってもらい、祈りの場である神社を残したいと思ってもらいたいという気持ちからでした。

たとえば、総代会の最初に必ず、神社本庁がつくった実践目標「敬神生活の綱領」※を全員で唱和するようにしたり、宮司の挨拶の際には神様のお力やお祭りの意味を説明したりしていました。すると、総代会の参加者は徐々に減っていき、2年続けた頃には12名に。頻繁に神社に足を運んで神様に手を合わせ、いつも祭りの運営をお手伝いしてくださる方々だけが残ったのです。

熱心な総代の方々のご奉仕もあって、1年でもっとも賑わう夏の例祭の宵宮前夜祭の人出は、年を追うごとに増えています。現在は、少子高齢化や地域団体や町会の消滅などにより総代が減少していますが、新しい時代に向けた新しい総代の在り方も計画しています。

神様のいらっしゃる境内をきれいに整えたのも、神様への奉仕の心をもつ総代を選んだのも、すべては神様に喜んでほしいという一心でした。いま考えれば、これらの取り組みが、その後、黒字化を達成するうえでの基礎となったのだと思っています。

神社の黒字化とは、祈りの場が100年1000年とあり続けるために、今できる大切なこと。信仰を育むためのご奉仕を考える。

※「敬神生活の綱領」

神道は天地悠久《てんちゆうきゅう》の大道《たいどう》であって、崇高なる精神を培《つちか》ひ、太平を開くの基《もとい》である。

神慮《しんりょ》を畏《かしこ》み祖訓《そくん》をつぎ、いよいよ道の精華《せいか》を発揮し、人類の福祉を増進するは、使命を達成する所以《ゆえん》である。

ここにこの綱領をかかげて向ふところを明らかにし、実践につとめて以て大道を宣揚《せんよう》することを期する。

一　神の恵みと祖先の恩とに感謝し、明き清きまことを以て祭祀にいそしむこと

一　世のため人のために奉仕し、神のみこともちとして世をつくり固め成すこと

一　大御心《おおみこころ》をいただきてむつび和らぎ、国の隆昌《りゅうしょう》と世界の共存共栄とを祈ること

選ばれる神社へ

近年、金運や恋愛運などの運気上昇や心身の浄化、エネルギーチャージなどの効果が得られる「パワースポット」が注目を集めていて、旅行の目的地としても人気です。神社もパワースポットのひとつとして、どんな御神徳があるのかを気にする人は多くいます。

以前は私も「廣田神社って何の神社ですか？（どんな御神徳がある神社ですか？）」とよく質問されたのですが、その際、私は「あらゆる御神徳がある」と説明していました。

神社の「売り」となる御神徳は

当社の主祭神は、八百万の神々のなかでも最高至上神とされる「天照大御神 荒御魂《あらみたま》」で、荒御魂とは荒々しい側面をもった魂のことです。万物の願いに通じ、とくに厄や災難など内外に起こるさまざまなものを払い除けるご神徳があるとされています。

そのため当社に「あらゆる御神徳がある」というのは間違いではないのですが、これといった特徴がないので、あまり人の印象には残りません。「結局、何の神様なの？」と腑に落ちない人も多かったように思います。

反対に「出雲大社といえば日本一の縁結びの神様」「天満宮といえば学業や合格祈願の神様」と

いうように、その神社の「売り」となる御神徳がはっきりと打ち出されていると、強いインパクトがあります。「恋人が欲しい」「芸事を極めたい」といった願いがあれば、遠くからでもその神社を目的地として出かけるのではないでしょうか。

京都や奈良などの大きな観光地にあるわけでもない、小さな神社はとくに、その神社だからこその魅力をアピールしなければ、参拝者を増やせないのです。もちろん、だからといって宮司の好みで適当につくってよいものではありません。

そこで私は、廣田神社にはいったいどんな御神徳があるのか、改めて調べてみることにしました。神社の御神徳を知るには、お祀りしている神様にどんなお力があるのか『古事記』や『日本書紀』に記されたエピソードを調べるほか、神社が創建されてから現在まで、地域のなかでどんな役割を果たしてきたか、歴史を紐解く方法があります。当社にあった資料は青森大空襲でほとんど焼けてしまったので、私は図書館に通い、郷土史や自治体がもっている資料などから、廣田神社の歴史を調べることにしました。

すると、江戸時代中期、東北地方を襲った天明の大飢饉で、多数の死者が出て疫病が蔓延した際、時の代官に江戸幕府から送られた疫病・厄災除けのお神札などを奉祀し、祈願を行ったのが廣田神社だったことがわかりました。その後、病魔は退散し、大飢饉の災難は祓い除かれたことで、当社はあらゆる災難・厄・病を祓い除く「病厄除の守護神」として、全国的に知られるようになったそうです。

日本唯一の「病厄除守護神」

さらに調べたところ「病厄除」をうたっている神社は、日本全国に当社だけだということもわかり、現在、当社は「全国唯一の病厄除守護の神社」として、その御神徳を説明しています。広く当社の御神徳を知ってもらうため、雑誌や自治体のパンフレット、テレビなどで紹介される際は、必ず「病厄除守護神」というキャッチコピーをつけてもらっていますし、ＳＮＳのアカウントやホームページにも目立つように、この言葉を入れています。

その効果もあり、以前は「何の神社なの？」と聞かれていたのが、今では「廣田神社って病気を治す神様なんですよね」「あらゆる厄を祓ってくれると聞いて来ました」と、「病厄除守護神」の御神徳を求めて参拝してくださる方々がほとんどです。現在では御祈祷全体の7割近くが病厄除の御祈祷となり、御神徳をいただいた方々がお礼参りに来た際に奉納する「感謝絵馬」の数も年々増えています。

全国に約8万もの神社があるなかで、日本各地から当社に足を運んでもらうには、他の神社との差別化が必要です。さらに神社は祈りの場ですから、「この神社にお参りして御神徳をいただきたい」と思ってもらうのが一番でしょう。

神社の御神徳をわかりやすく言語化し、広めることが、宮司の使命のひとつなのです。

神様の御神徳を広めることが宮司の使命のひとつ。神は人の敬によりて威を増し、人は神の徳によりて運を添う。伝えたいものを明確に且つ、差異を示すことが重要。

行政との連携

廣田神社は、主祭神である天照大御神荒御魂をはじめ、大国主命《おおくにぬしのみこと》、事代主神《ことしろぬしのかみ》、蛭子命《ひるこのみこと》といった神々のほかにも、配祀神《はいししん》として、創建の祖である藤原実方朝臣、江戸時代前期に弘前藩家老を務めた進藤《しんどう》庄《しょう》兵衛《べえ》正次《まさつぐ》の御霊をお祀りしています。進藤庄兵衛正次は、現在の青森市新町に市場を設けて商業を奨励したり、用水路を開発して水利の不便を解消して水害を防いだり、町づくりの基礎を担った「青森開拓の恩人」として知られた人物です。

忘れ去られた地域の歴史

ところが時代とともにその功績は忘れ去られ、10年ほど前までは、青森市民でさえ進藤庄兵衛正次について「名前も知らない」という人がほとんどでした。

というのも、青森市は１９４５年の大空襲や江戸、明治、大正、昭和と何度もの大火事を経験している町で、そのたびに歴史が分断されてしまったのがひとつの原因と考えられます。結果として市内に１００年以上続く企業は他の都市に比べると少なく、歴史を語り継ぎ、大切にする文化も育ちにくかったのでしょう。

廣田神社の宮司として、進藤庄兵衛正次の存在をもっと広めたい、そしてふるさとの歴史をもっと知ってもらいたいと考えていたところ、平成26年（2014）、進藤庄兵衛正次の生誕400年を迎えます。これをよい機会として何かできないかと、当時、習っていた茶道の先生に相談したところ、「野外茶会をやらないか」との提案をいただいたのです。

そのとき、茶会の場所にと考えたのが、廣田神社のすぐ近く、青森県庁の隣にある青い森公園です。この公園は藩政時代、藩主（お殿様）が外出のときに宿泊所として使った施設「御仮屋《おかりや》」跡に隣接する青森市の歴史を感じられる場所だからです。

行政や企業を巻き込み、地域の歴史を伝える

しかし、管轄の青森県からは当初、「民間に貸し出した前例がない」という理由で、公園の使用許可が下りませんでした。それでも諦めきれなかった私たちは、知り合いをたどって県知事の秘書に直談判。青森市の偉人である進藤庄兵衛正次の功績を知ってもらうための記念のお茶会であること、青い森公園で行う意義などをプレゼンしました。その熱意が県知事に伝わり、公園を使用する許可をいただけたのでした。

行政とかかわりながら実行するということもあり、廣田神社が主体だと、政教分離の観点から、直接行政と動きづらいだろうということもあり、実行委員会の委員の一人、オブサーバーのような立場になりました。また、当日は、実行委員というよりも、実行委員会と廣田神社の共催のような形で、宮司としてかかわりました。

茶道有志をはじめ、さまざまな人と協力して開催した「青い森の御仮屋茶会」には、およそ５００名もの参加者が集まり大盛況。そのなかには進藤庄兵衛正次の子孫の方や弘前藩の藩主だった津軽家の子孫の方、弘前市長などもいらっしゃり、この日の様子は地元の新聞のコラムにも取り上げられました。

また、お茶会に先立ち、「Ｗｈｏ ｉｓ 進藤庄兵衛正次？」という講演会も開催。青森の恩人でありながら、青森市の人々にほぼ知られることがなかった進藤庄兵衛正次の存在をたくさんの方に知ってもらうべく、青森市長の市史編さん室室長を招き、進藤庄兵衛正次の功績や青森市の歴史をお話しくださったのですが、１００名以上の聴衆者が集まりました。

さらにその2~3年後のことです。会場となった青い森公園内にコンビニエンスストア（セブン－イレブン）が建設されることが決まります。その計画を知ったとき、かつて御仮屋だったゆかりの場所にコンビニをつくるのであれば、ぜひ、その歴史を感じられるものを残したいと考えました。運営会社（セブン＆アイホールディングス）の担当の方に、「ここが御仮屋だったということがわかる立て看板を設置してほしい」とお願いするとともに、新聞にもその思いを取り上げていただきました。最終的にはこちらの思いを汲んで運営会社が動いてくださり、コンビニの隣に「御仮屋跡」の看板が設置されたのです。その費用も会社が負担してくれました。

神社は地域の歴史とともに守られてきたものです。住む人がその土地の歴史を改めて知ることは、神社への愛着を深くするきっかけになるはずです。

それも神社だけでどうにかしようとするのではなく、行政や企業の協力をとりつけることで、より大きな訴求効果を生むことができます。これからもいろいろな人を巻き込みながら、神社や地域の文化を守る活動に取り組んでいくつもりです。

歴史を学ぶから、未来が見え、今すべきことがわかる。祭り事は「政《まつりごと》」。市民の拠り所である神社と行政の連携はこれからのまちづくりの大きなヒント。

クラウドファンディングで立て直す

平成から令和に元号が変わり、御代替わりを迎えたことをお祝いして、令和元年（2019）、廣田神社は「令和御大典奉祝記念事業」を計画しました。境内にある五社のひとつ八大龍神宮の修繕と祖霊社の創建、神道式による永代供養墓の造営、社殿と待合室をつなぐ渡り廊下の新築を予定し、その予算は4000万円としました。

自己資金に加え、たくさんの寄付金を含め、なんとか予算の目処がたったのですが、スタート直後、新型コロナウイルス感染症の流行によって、事業は一時中断を余儀なくされます。さらに令和3年（2021）、事業を再開しようとした矢先、大雪の影響で手水舎《てみずや》が傾き、倒壊寸前となってしまったのです。

境内の建物が次から次へと崩壊!?

困難な出来事はそれだけでは終わりませんでした。同じ頃、金生稲荷神社のわきにある乃木神社が、これも雪の影響か、横倒しになってしまったのです。

加えて、コロナ禍の影響によって世界各国で移住が増えたことによる住宅建築の増加、原油価格の高騰、ロシア・ウクライナ戦争によるロシアへの経済制裁など、さまざまな理由で建築資材の価格が上昇。予算を大幅に見直す必要に迫られます。結果として、4000万円だった予算は、

7000万円にまで膨れ上がりました。

実はその年、私は「八方塞がりの厄年」でした。その運勢を証明するかのように、立て続けにたいへんな出来事が襲いかかってきたのです。


記念事業のために寄付してくださった地域のみなさんに、これ以上の負担をお願いするのは難しい状況でしたが、そうはいっても、倒れてしまった神社や倒壊の危険がある手水舎を、そのままにはしておけません。そこで考えたのが、クラウドファンディングの活用です。令和元年(2019)にも、クラウドファンディングの成功によって金魚ねぶた献灯祭の開催にこぎつけた経験を思い出し、今回も広く、協力を呼びかけることにしました。

ただこの時期、私は、八甲田山の山頂にあった祠の再建にも携わっており、体力的にも時間的にも余裕がありませんでした。そこで神職として働いてくれている姉が中心となって手水舎修復のクラウドファンディングを実施。返礼品として、旧手水舎の柱を再利用したお守りを用意しました。すると、全国から賛同をいただき、目標金額の300万円を超える約350万円の支援金が集まりました。

さらにありがたいことに、神社に直接、寄付金を持参してくださった方々もいて、その金額は約1000万円にものぼりました。結果として、以前よりも立派な手水舎を建てられたのです。

一方、乃木神社のほうも、大事な柱が折れていたため、一から再建する必要がありましたが、手水舎を支援でまかなえたことにより、新たに資金を注入できました。現在は、きれいな姿を取り戻しています。これも、氏子や崇敬者、地域の人々や企業に次ぐ第3のつながりとして、クラウドファンディングを活用したおかげでできたことです。今まで廣田神社にお参りしたことのない人や、存在を知っていたけど遠方で参拝には来られなかった人、そもそも知らなかったけれど、日頃から色んな神社を崇敬していて、神社の危機に手助けしてくださった方など、このような機会を通じて、一緒に協力してひとつのプロジェクトを成し得たことは宮司冥利に尽きるうれしい出来事でした。

試練は「神様からの試されごと」

次から次へと厄介事が重なりましたが、終わってみれば、よい結果となり、改めて「試練は神様からの試されごと」だと感じています。

実は、手水舎や乃木神社に続いて、翌年の令和４年（２０２２）１月には祖霊社の渡殿（祭祀をする場所）が、落雪によって倒壊するという不幸な出来事もありました。それも2カ月前の11月に竣功したばかりだったのでがっくりと落ち込みましたが、同年の11月には再建できました。結果的にこの頃に行った事業は総額一億円以上となりましたが、無事すべて完遂することができました。宮司に就任した頃の、収入がなく数十万の整備すら難しかった時代を思い返せば嘘のようです。

たいへんなことの連続でしたが、ひとつひとつ乗り越えた結果として、より神様に喜んでいただけるような神社へと整備できましたし、宮司として成長できたとも感じています。

ただ、試練が降りかかったとき、それを「神様に試されているんだ」と思えるのは、いつも神様を信じ、感謝している人だけです。神様の存在をいつも感じていなければ、神様から与えられたものだと気づけないでしょう。

日々、神様に手を合わせていれば、何か壁にぶつかったときにも、「神様が見守ってくれている」と神様からお力をいただいて、奮起できるのです。

ご奉賛（＝ご寄付）とは、神様の御神恩と人の感謝がつながった証。その手段は時代に合わせて変化があってもよい。新しい挑戦と困難は成長へのレバレッジ。

未来への投資

今、宮司に限らず、神職は人手不足です。神職を雇いたくても、とくに地方の神社に奉職しようという人はほんのわずかです。実際、当社も、神職資格を取得した人や資格を取得予定の人を探して、神道の学部のある大学2校に求人を出しましたが、10年間で応募はたったの1件でした。

「それならば」と神職の資格がない人を雇い、働きながら神職の資格を取得してもらおうと考えたこともあります。実際、採用したこともあったのですが、一般の方の場合、自分の考える神職の仕事と現実の仕事とのギャップに耐えられず、離職してしまうケースが多く見られました。神職というと、神前でのお務めがほとんどのように思われますが、第1章でも述べた通り、一般企業と同じような事務仕事や参拝者への対応などが大半だからです。

コンサルティング会社と組んで採用活動

そんななか、当社の参拝者が増えていくにしたがって、人手不足はいよいよ深刻になっていきます。私と姉だけでは対応しきれなくなる前にどうにかしたいと、専門のコンサルティング会社に依頼して採用に本腰を入れ始めたのが一昨年のこと。すると、10年間で1件しか応募がなかったのが、半年で全国から20人以上の応募が寄せられたのです。

その際、当社の求人に興味がある人に向けて行ったのが、座談会と音声番組の配信です。座談会は、当社に来られる人は対面で、遠方の人はオンラインで開催し、当社が目指す神社や神職像、具体的な仕事内容などについて説明したり、「実際の給料は？」「勤務時間は？」「休みは？　有給はある？」といった参加者からの質問に回答したりしました。

なおかつ、Ｐｏｄｃａｓｔという音声配信メディアを使って、職員同士の座談会や神社の豆知識などの番組を配信。応募者に聞いてもらい、職場の雰囲気を伝えるようにしました。

こういった施策を行ったうえで、希望する人には採用面接を行ったのです。

さらに、2名の内定者には、3日間のインターンシップを実施しました。実際の仕事を経験して、最終的に神職として働きたいかを決めてもらうためです。結果、1名、元エンジニアの神職が当社に奉職し、現在も働いてくれています。

このほか、私が宮司に就任した頃から取り組んでいた労働環境の整備も、採用に成功した理由のひとつでしょう。

従来、神社の多くは「神様へのご奉仕」を名目に、法律に定められた休日・休暇や労働時間の最低基準が守られていなかったり、十分な手当が支払われなかったり、いわゆる「ブラック」な職場と言われかねない状況にありました。そこで当社は、少しずつですが、働く環境の「ホワイト化」に取り組んできました。たとえば、職員全員が最低月8日休日が取れるように神社そのものをお休みする「定休日」を設けたり、月に何回かは土日にお休みが取得できるようにしたりしています。また、祭事が少ない春や秋には一週間ほどのまとまった休みも設けています。

人材への投資が神社の未来をつくる

近年、企業の経営においては、人材を「人的資本」と捉えて投資し、その価値を最大化して、企業価値の向上につなげることが重要だと考えられるようになっています。これは神社の経営においても同じことが言えるでしょう。

神様の存在は、いつの時代も普遍なものです。では、何が神社の未来を変えていくのかというと、それはそこで奉仕する人間なのです。働く人が神社のために一生懸命取り組めば神社には活気が生まれますし、反対に手を抜いていれば、神社の清浄さは失われて参拝者は減っていくでしょう。

神職の育成が、その神社の明るい未来につながるのです。

当社では奉職後の教育にも力を入れていて、新人には100時間以上の研修を行っています。そこには航空会社が行っている社会人マナー講習や、東京の有名神社でご祈祷を体験する研修なども含まれます。

また、新人研修が終わった後も、やる気次第で外部研修を受講することも可能です。たとえば以前、本人希望で、福岡で行われた2泊3日の経営者の勉強会に参加した神職もいました。もちろん、その費用は当社が負担します。他にもスキルアップのために上限内でなんでも自由に使える福利厚生や、伊勢の神宮をはじめとした全国の神社へ参拝する研修もこれからつくる予定です。

こうした人材育成への投資は、神社にとって必要不可欠なものです。将来、必ず神社の財産となり、神様を喜ばせることにつながると私は考えています。

信仰を育み、人を育てる。もっとも大切なことは目に見えないものへ投資すること。

第4章

神道と理念

意外に似ている経営者と宮司

神道流パーパス経営

神道には、理想郷がありません。仏教でいう「極楽浄土」やキリスト教の「天国」のような、信仰の先にある幸せな場所は、神道にはないのです。そもそも神道には経典や聖書のようなものがないので、神道が何を目指しているのか、何のためにあるのかが、明文化されていません。

それでも、ほぼすべての日本人は、生まれてから死ぬまで神道とのかかわりをもって生活していきます。それは二千数百年前から変わりません。日本人にとって神道は、人生にとって当たり前のものとなっているわけです。

では、神道はどうやって「存在意義（パーパス）」をつくり上げてきたのでしょうか。

パーパスはボトムアップでつくり上げるべき

キリスト教のような一神教の場合、その宗教にとっての神様（預言者）が説く教えがパーパスということになるでしょう。信者はその教えを信じ、従うことで、幸福を得ようとします。

一方で神道の場合は、神様からの「こうしなさい」「ああしなさい」という教えはありません。そもそも、人々が自然の恵みや猛威に神様の力を感じ、感謝や祈りを捧げるようになったのが神道の始まりです。人々が生活の中に神様を感じ、その存在を信じることで心の拠り所としたのです。

そして、その地域の人々の祈りを形にしたのがお祭りであり、そのお祭りを行う場所につくられたのが神社でした。信仰が目に見える形になったことで、人々は神様の存在がより身近になります。そのなかで人々は自然と「神様が見ているから正しく生きよう」「神様からのお力や祝福をいただいて頑張れた」といった気持ちをもつようになったのでしょう。

鎌倉時代、3代執権の北条泰時が定めた武士のための法律「御成敗式目」の中には次のような一文があります。

「神は人の敬によりて威を増し、人は神の徳によりて運を添う」

これは、「神様を敬う人の純粋な心に触れて神様のご威光はさらに輝きを増し、神様の御神徳によって人は運を開くことができる」という意味です。

神様から命令されて動くのではなく、人々が自ら神様への感謝や願いをこめて手を合わせる。それが人々や社会の幸福につながっていく。神道のパーパスはそうやってつくられてきたのです。

企業のパーパスも、経営者が一方的につくったところで、従業員にとって、それはただの押し付けにしか感じないでしょう。経営者が理の道を示しながらも、働く人たちが自ら考え、一緒につくっていくことが大切なのではないでしょうか。

企業として社会にどんなインパクトを与えたいのか、そのためにはどんな商品をつくればよいのか、社員一人ひとりが考えてもらいます。その意見を吸い上げて、パーパスをつくり上げるのです。自分たちで考えたパーパスを掲げれば、社員一人ひとりが自主的に考え、動くようになります。

神話も国を造り始めるところから壮大な物語が始まる。人と社会の福祉を増進する理想を描き、ひたすらにその道に邁進する。

宮司と経営者が挑戦すべきこと

私が宮司になったのは23歳のとき。経営者としてどころか、社会人としての経験も知識もなく、何もかもがわからないことだらけでした。けれども、何もわからないからこそ、怖いもの知らずで、最初の一歩を踏み出せたこともたくさんあります。その結果、失敗も成功もしましたが、今があるのは間違いなく、さまざまな挑戦をしてきたからです。結局、何もやらなければ、成功も成長もありません。

もっというと、私は常に挑戦と自己の成長を目指しているという気持ちはないかもしれません。むしろ真剣に向き合えば向き合うほど、目指すべき姿に到達するのにやるべきこと、やらなければならないことが次々と見えてきます。したがって、私にとってはそれをひとつひとつ達成させていかなければいけないと行動を取っていった結果として、客観的に見ると、常に挑戦を続け、成長をしていったという風に見られるわけです。

新しい何かに挑戦するとき、その結果は誰にもわかりません。経営者が考えるべきは「できるか」「できないか」ではなく、「やるか」「やらないか」です。そして「やる」と決めたら、「やりきる」ことが重要でしょう。

そして、今、宮司を含めた経営者がやるべきことのひとつが、人の心に残る取り組みだと私は考えています。人を感動させたり、癒やしたりすることは、直接利益につながらなかったとしても、神社や企業のブランディングにもつながるからです。

100年後にも伝わる物語をつくる

私が取り組んだ事業のひとつに、八甲田山高田大岳《はっこうださんたかだおおたけ》の山頂にある祠の再建があります。その始まりは、十和田《とわだ》山岳振興協議会の方から「高田大岳の祠が壊れていて、そこを通るたびに心苦しいんだ」という話を聞いたことでした。

実は、廣田神社の物置に置かれていた古い屏風には「八甲田山神社」の文字があり、調べたことがあったのですが、現存しないその神社の宮司を務めたのが、先々代の祖父であったことがわかったのです。その八甲田山神社と高田大岳の祠には何か関係があるのではと思った私は、その祠の再建を考え始めました。

その後、祠と八甲田山神社には直接の関係がないことが判明したのですが、八甲田連峰に広がっていた信仰を後世に伝えていきたいという思いから、十和田山岳振興協議会の方と協力して、祠の再建プロジェクトを立ち上げます。

そのとき私がこだわったのが、協議会やプロジェクトに賛同してくれたボランティアのみなさんと人力で材料を運び、山頂で祠をつくることです。できあがった祠を山頂に運んで設置したり、材料をヘリコプターで山頂まで運んだりする方法ももちろん可能ではありました。けれども、それでは多くの人に私たちの思いが伝わらないからです。

ひとつひとつ材料を背負って山に登り、その場で柱を立てて祠をつくり上げたというストーリーならば、人々の心に刻まれて、100年後にも残っていくのではないかと考えたのです。たくさんの苦労があって再建されたものだという物語が伝われば、再び祠が壊れかけたときにも、「またきれいにして、次の時代に伝えていかなければ」と思ってもらえるのではないでしょうか。

お金で買えないものを提供する意味

また、昨年から、当社では「社報」としてフリーペーパーの発行を始めました。現在は氏子区域を中心に2万部配布しています。社報というと、一般的には神社の歴史のお話や神事・行事の紹介、神社の宣伝としての記事などが多いですが、当社ではそのような形式でないものを制作・発行しています。

というのも、神社の祭事や行事、新しいお守りや御朱印の情報はもう現代においては社報で発行するよりもSNSなどで発信する方がはるかに効果がありますし、印刷代、配布代の経費をそのまま広告費に充てた方が収入としては大きく得られます。しかし、それでも社報という形式で、今の時代にあえてつくろうとしているのは、現代社会ならではの理由があります。

欲しい情報は、スマートフォンなどですぐに手に入れられますが、次から次へと大量の情報が押し寄せるので、「流し見」したり、「読み飛ばし」してしまい、自分の身にならないことも多いのではないでしょうか。
だからこそあえて、直接手に取れて、いつでも読み返すことができる紙ベースで、神様や神社について知ってほしい情報をお伝えしています。この社報を読む時間は、自分の今と向き合い、心を整える時間にしてほしいという思いから始めた取り組みです。

お金を出せば何でも手に入る時代だからこそ、今後はますますお金で買えないものにより高い価値を感じる人が増えていくでしょう。物質的な満足ではなく、精神的な満足感を感じる時間をつくることが、これからの時代の経営者には必要なのだと考えています。

「楽」な道ではなく、耕し続ける「楽しい」道での挑戦こそ、よき人生を得て大成する。

神道的理念のすすめ

「神道」は別名、「惟神の道《かんながら》」とも言われます。これは「神の意に従って生きる」といった意味で、神道とは何かを端的に表しています。さらに簡単に言えば「清く正しく生きる」ということです。

では「清く正しく」とは、具体的にどのように生きればよいのか、その細かい解釈は神職であっても人によって少しずつ違うでしょう。何度も述べている通り、神道には明確な教えがないからです。

自分なりの「正しい生き方」を考える

「正しい生き方」とは何か、神様は具体的に教えてはくれませんし、神職であっても正解はわかりません。つまりは、一人ひとりが自分にとっての「正しい生き方」を見つけるしかないのです。

伊勢・豊受大神宮《とようけだいじんぐう》の神官だった中西直方《なかにしなおかた》の詠んだ歌に「日の本に生まれ出にし益人《ますびと》は、神より出でて神に入るなり」という歌があります。これは「日本に生まれたすべての人は、神様から命を受けて、やがて神のもとへ帰っていく」という意味です。

この歌にあるように、私たちの命は神様から与えていただいたものです。だからこそ、このいただいた命をどう生かしていくのかを考えなければならないのです。

その際、意識したいのが「自分軸」です。

自分の価値観や判断基準を大切にして、「神様に見られても恥ずかしくない自分の生き方」を決めてほしいのです。自分を信じて、自分をどのように生かしていくのかを考えてみましょう。

「自分軸」を大切にできれば、他人にも寛容になれます。すべての人が、それぞれの「自分軸」をもって生きていることを理解し、認められるようになるからです。

人の数だけ自分なりの「清く正しい」生き方があり、それを尊重して、共生していかなければなりません。神様が決めた「正解」はないのですから、これもまた、神道的な考え方でしょう。

「今」を精一杯生きる

神道でよく用いられる言葉に「中今《なかいま》」があります。中今というのは「過去と未来を結ぶ中心点にある現在」という意味です。延々と続く時間のなかで常に直面する一瞬一瞬の今を精一杯生きること、それを「中今精神」として、神道では大切にしています。そうすれば、祖先から受け継いだ歴史を大切にしながら、幸せな未来を切り開いていけるからです。

最近、私が「中今精神」を感じたのは、パリオリンピックのスケートボード女子ストリートに出場した吉沢恋《ここ》選手です。

吉沢選手がお兄さんの影響でスケートボードを始めたのは7歳のときで、近くの公園で、自分のやりたい技（トリック）ができるまで何時間も練習することがあったと言います。それでもそのときは、大会に出場したいといった目標はなかったそう。ところが令和3年（2021）、テレビで東京オリンピックを観戦していた吉沢選手は、2歳年上で当時13歳の西矢椛《もみじ》選手が披露したトリックを見て驚きます。そのトリックはすでに自分が習得していたものだったからです。そこから「もしかしたら、自分も……」と考えるようになった吉沢選手は、その年の末には日本の強化選手に選ばれ、翌年からは国際大会に参加。オリンピックへの出場が現実となります。

吉沢選手の金メダルは、今できることに懸命に取り組んだ、その積み重ねがあったからこその結果といえます。とても神道的だなと感じたエピソードでした。

結果だけを求める生き方をすると、往々にして今を蔑ろにしがちです。もちろん、目標をもつのはよいですが、目指すものがあるからこそ、中今に集中して努力しなければなりません。そして、「昔はよかった」「なんであんなことをしてしまったんだろう」などと、過去に執着するのももちろんいけません。

中今を懸命に生きれば、おのずと結果はついてきます。

明浄正直勤務追進（明き、浄き、正しき、直き誠の心、いそしみつとめ、みがきすすむ）。
常に自分自身にできることを世のため、人のために尽くす。その結果が大きな道を開く。

⛩経営と理念を両立させる

「神社がお金儲けをしていいの？」

こんな疑問を投げかけられることがあります。神社のような宗教法人がお金を稼ごうとすると、「人々の幸福のため」「平和な社会をつくるため」といった理念は信者からお金を巻き上げるためのウソのように思われてしまうのでしょう。病院や学校なども同じような目で見られがちです。

ただし、当然ながらどんな法人も利益がなくては、経営が成り立ちません。何かしら事業を行えば、人件費、原材料費、家賃、光熱費など、必ずコストはかかるからです。神社であれば、その建物を維持したり、季節ごとにあるお祭りを行ったりするにもお金が必要になります。

廣田神社の場合、1945年の青森大空襲でほとんどの建物が焼失し、現在の社殿は1972年に再建されたものです。すでに半世紀以上が経ち、あちこち傷んできているので、修復が必要になっています。第3章でお話しした通り、突然、建物が壊れて再建が必要になることもあり、その都度、多額の費用がかかります。

建物や境内の整備は、神様が安らかにお鎮まりいただくために不可欠ですが、それだけではありません。傷んだ部分を放置しておくと、不思議なことに神社の清浄な空気は失われ、人々の足は遠のくようになります。人々の「祈りの場」を守るために、境内は常にきれいにしておかなければならないのです。

利益は理念の実現のために使う

神社を守っていくには、理念も、利益も両方必要です。

どんなにすばらしい理念があっても、利益がなければ実現不可能ですから、ただの机上の空論になってしまいます。反対に利益はあっても、そこに理念がなければ、信者や働く人からは信用されません。

理念と利益を両立させて初めて、神社を維持・発展させられます。これは、一般企業も同じでしょう。

「一日、一年、一生を共にする廣田神社」

・一日
日常の中の祈り。神棚やお神札に手を合わせ、お守りを身につける習慣とする。
・一年
年中行事や祭りへの参加や参拝を慣習とする。
・一生
人生儀礼を家族の伝統とする。

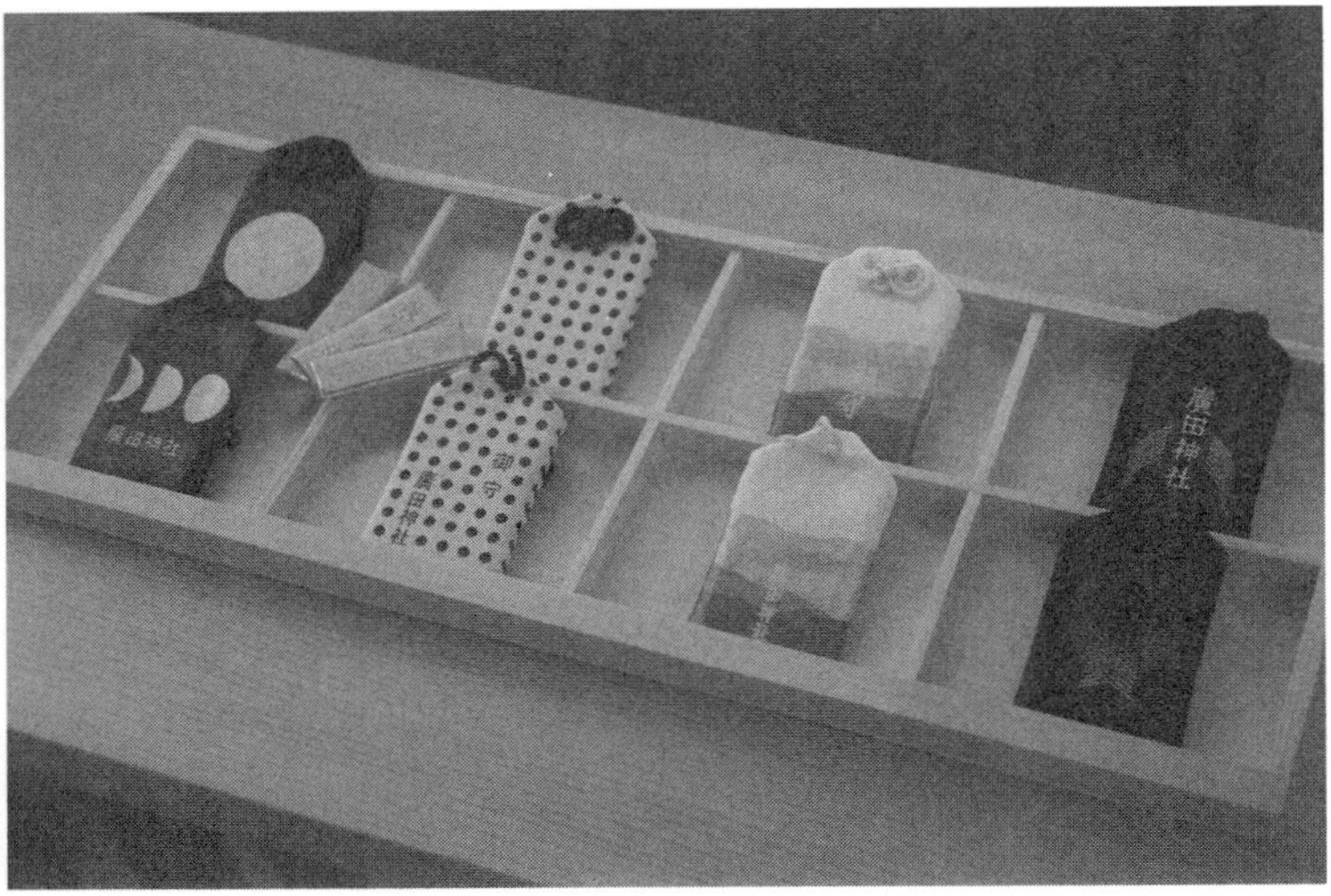
御守
廣田神社
廣田神社

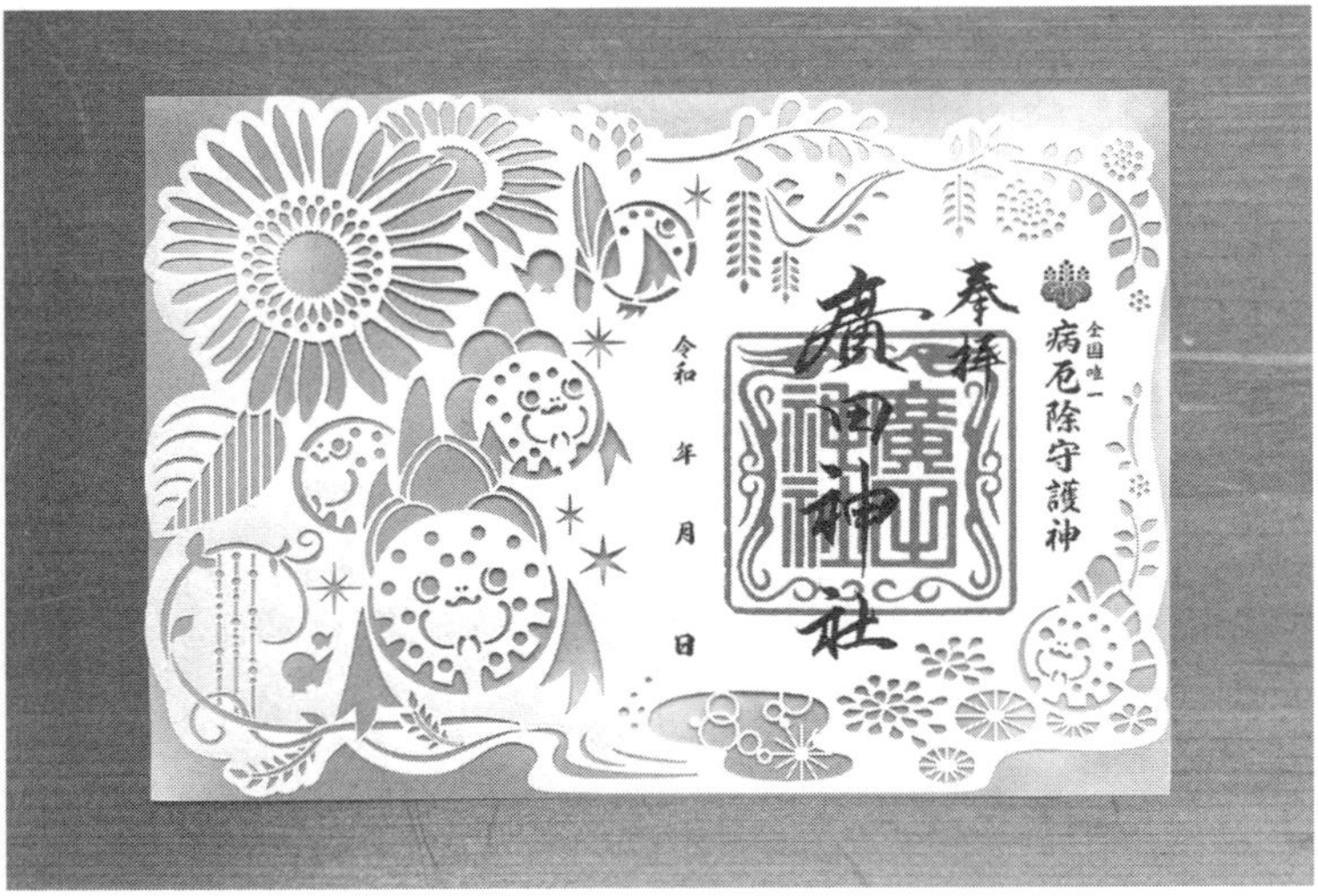
全国唯一
病厄除守護神
奉拝
廣田神社
令和 年 月 日

そのために重要なのは、利益の生み方と使い方です。当たり前ですが、理念と利益を両立するには、理念に沿ったお金の稼ぎ方をしなければなりません。神社の場合ならば、宗教活動と関係ない事業で儲けようとしたり、「御神徳がある」といってお守りやご祈祷に高額な初穂料を支払わせたりしては本末転倒です。簡単に言えば、神様から見られて恥ずかしい商売はできません。

そして、得た利益は理念を達成するために使います。神社であれば、先ほども述べたように、まずは神様のため、境内の環境を整えるために投資します。

当社は、デザイナーズお守り袋や期間限定の御朱印といった新しい授与品をつくったり、SNSを活用したりするなかで、参拝者とともに利益も徐々に増やすことができました。その増えた利益は令和元年（2019）の「奉祝記念事業」など、境内の整備のほか、神様に奉仕する職員の教育などに活用しています。さらに、これまで紹介しました金魚ねぶた献灯祭や御仮屋お茶会、八甲田山の祠の再建プロジェクトなど、地域の文化や歴史を守る取り組みにも資金を投入しました。

利益は目的ではなく、理念を実現するための手段なのです。

このように、理念のもと、神様に喜んでいただくために、あるいは地域社会に貢献するためにお金を使っていけば、神社の雰囲気がよくなり、新聞やネットニュース、一般の方々のSNSで取り上げられる機会も増えます。それが新しい参拝者を呼び、利益が増え、神様や社会に還元できる、というよい循環が生まれるのです。

これは一般企業に置き換えても同じことが言えます。得た利益を理念に基づいて正しく使えば、必ず新たな利益となって返ってくるものです。

ちなみに、日本の資本主義の父と言われる渋沢栄一も、『論語と算盤』のなかで、道徳と経済の合致説を説きました。簡単に言えば、「商売においては道義（論語）と算盤（利益）の両立が大切で、道義を伴った利益を追求することで、企業も会社も豊かになる」としています。

経営なき理念は陳腐。理念なき経営は虚構。理念だけ追い続けても実態がなければ意味がない。また、裏付けされた想いがなければ単なる金儲けでしかない。

神道的シナジー効果

神道は寛容な宗教だと言われます。

日本で自然発生的に生まれ、生活のなかに定着していった神道ですが、6世紀に大陸から仏教が伝来すると、そのよいところを受け入れる形で融合し、「神仏習合」という新しい宗教観をつくり上げました。また、仏教だけでなく、神道は儒教や道教の影響も受けてきていますし、長崎には神道、仏教、キリスト教が共存していた歴史があり、神父を祀っているめずらしい神社もあります。

このような神道の寛容さがあったからこそ思いついたアイデアが、他の宗教とのコラボレーションです。

東北初！　多宗教の音楽フェスを開催

地域の人たちとのつながりやＳＮＳでの取り組みのなかで、さまざまな宗派の住職や牧師（キリスト教プロテスタントの教職者）など、他宗教の聖職者の方と知り合う機会に恵まれました。そのおかげで、改めて仏教の経典の教えに触れたり、教会の讃美歌を聴いたりして、それぞれの宗教の魅力を再発見することとなりました。また、お互いの宗教について話をするなかで、「その考え方は神道と似ている」と共通点が見つかることも少なくありませんでした。そんなな

か、神道・仏教・キリスト教という異なる宗教で「何か一緒にできないか」という思いが強くなっていったのです。

そのとき、まっさきに頭に浮かんだのが「音楽フェス」でした。単純に当時、私がフェスにはまっていて、さまざまな会場に足を運んでいたからです。

キリスト教の讃美歌のように、神道には神楽《かぐら》という神事で神様に奉納する音楽と舞があります。地域のお祭りで演奏されているのを聴いたことがある人も多いでしょう。

仏教の場合、僧侶がリズムやメロディーをつけて経典を唱えることを「声明《しょうみょう》」といい、これは仏教音楽の一種です。また、仏教と神道のどちらにも関係のある音楽が雅楽です。もともとは大陸から伝わったものがベースとなっていて、現在は宮中の儀式や行事で演奏されています。

そこで、宗教音楽を楽しんでもらうフェスができないかと考えたのです。

お付き合いのあった住職と牧師に話をもちかけたところ、二つ返事で快諾してくださいました。3人でプログラムを決定したり、フライヤーを作成したり、話はトントン拍子に進み、数カ月後には、東北初の「宗教音楽フェス」を開催できたのです。

当日、会場となった教会には、120名が定員のところ、170名の方が集まり、教会の外にまで人があふれるような状態に。神道の神楽と巫女舞、仏教の雅楽と声明、キリスト教の讃美歌とゴスペルを楽しんでいただき、一緒に、世界の平和と人々の幸せを祈ることができました。第2部として開催した座談会もおおいに盛り上がりました。後日、この宗教フェスで得たチケット代は、日本赤十字社に寄付させていただきました。

他の宗教とのコラボが生み出すシナジー

宗教フェスの翌日、参加してくださったキリスト教の信者の方が当社へお参りに来られました。その方は日本在住でありながら、これまで一度も神社へ来たことがなかったそう。3つの宗教のコラボレーションに感動して「キリスト教信者でも神社へお参りしてもいいのかもしれない」と足を運んでくれたというのです。そういう方が何名もいらっしゃいました。

信じる神様は違っていても、お互いを理解し、尊重し合える関係を築けると証明できたようで、大きな喜びを感じた出来事でした宗教フェスのほかにも、青森にある10の社寺のコラボ企画として「津軽龍神霊場」を立ち上げました。龍神の宿る龍穴《りゅうけつ》を祀る社寺を巡拝する企画で、共通の御朱印帳や龍神切り絵御朱印、龍神おみくじなどを用意しました。お遍路さんのような霊場巡りは全国にありますが、神道と仏教が協力したものは珍しく、たくさんの人に楽しんでいただいています。結果的に、神社やお寺に親しみをもってくださる方が増え、参拝者も増えています。

自分たちとは価値観が違うと思っても、すぐに否定するのではなく、お互いをより深く知ろうとすると、そこには新しい価値観や協力関係ができます。結果、シナジーが生まれ、自分たちでは達成できない成果を得られるでしょう。何事も受け入れる寛容な心をもって、共存や調和を目指すことが大切なのだと考えています。

歴史も違えば価値観も違う。だからこそ、寛容と共存の心をもって、学びあい、共感することで新たな気づきを得て広がっていく。

宮司的組織マネジメント

先述した通り、宮司に就任した当時、当社で働いてくれていた職員は、私の至らなさが原因で全員、辞めてしまいました。その頃の私は「こうすべき」という自分にとっての常識にとらわれて、職員のミスを許せず、厳しく叱ったり、ときには感情的になったりすることもありました。さほど能力も経験もない私が、なんとか宮司の仕事をこなせているのだから、「みんなもこれくらいはできるよね」という間違った思い込みもあったのだと思います。

けれども、人にはそれぞれ得意・不得意がありますし、誰だって失敗することはあります。私は神様の姿から、そのことに改めて気づきました。

神様だって失敗する

『古事記』や『日本書紀』のなかの神様たちは実に人間くさく、乱暴者だったり、臆病だったり、欠点もたくさんあります。神様の失敗エピソードも少なくありません。たとえば、日本の国土ができるまでが描かれた「国生み」という神話では、伊邪那岐命と伊邪那美命が結婚し、子どもを生むように日本の国土を生み出そうとしますが、最初は失敗してしまいます。そこで2柱の神様は、天上の神々に教えを乞うことで、改めて堅く結ばれて、日本列島の島々を誕生させたのです。

神様も失敗するのだから、人間が失敗するのは当たり前ですよね。大切なのは失敗しないことではなく、失敗した後に適切に対応すること。神様と同じように、失敗しても、その経験から学んだことを生かしてやり直せばいいのです。

失敗は成功のもとと昔から言いますが、私は、「失敗は、磨けば光る原石のようなもの」と思うようになり、それを職員にも伝えています。それからは職員のミスに怒ったことはありません。

コミュニケーションの活性化で職員の自主性が向上

組織のマネジメントに失敗した私が考え方を改め、一からやり直そうと取り組んだのが、職員とのコミュニケーションの活性化です。

私自身、中学・高校・大学と体育会系で、その人間関係を窮屈に感じていたため、以前は、職員との距離を詰めすぎないように気をつけていたところがありました。しかし、それがコミュニケーション不足を生み、相互理解が図れていなかったのです。

そこで数年前から、Ｓｌａｃｋというチャットやメッセージの送受信ができるアプリケーションを導入し、毎日、すべての職員との「ホウ・レン・ソウ」を行っています。仕事上のミスや不手際なども積極的に報告してくれるので、相談しながら今後の対応策を考えています。その結果、大きなミスはほとんど起きなくなりました。コミュニケーションがとれていると、私も信頼して仕事をまかせられるようになり、それが職員の自信にもつながります。また、一人ひとりの個性がわかるので、その人に合わせた指導ができるようになったのも大きな要因でしょう。

また、Ｓｌａｃｋを導入してから、職員から「こんなことをしてみたい」という提案が増えました。最近も、外国人参拝者の増加に伴い、「英語の対応表をつくったらいいのでは」というアイデアをアルバイトの巫女からもらい、自らつくってくれました。また来年から神職として当社に就職する予定のアルバイトの方が、「廣田神社の参拝者を増やす方法」という30枚もの企画書を提出してくれました。

「失敗は成長につながる学びの機会」という共通認識をもったうえで密なコミュニケーションがとれれば、働く人たちの仕事へのモチベーションは上がり、おのずと「自分たちのやるべきこと」を考えるようになるのです。

> 咎《とが》過《あやま》ち在らむをば、神直び大直びに見直し聞き直し坐して。間違いや失敗があったとしても、素直に見直し、聞き直しすることで、もとの状態に戻して日常の安全性をつくる。

神道でメンタルを安定させる

経営者の仕事は「決断すること」とよく言われます。やるか・やらないか二者択一を迫られたり、いくつかの選択肢のなかから、自社にとって最適なものを選んだり……。いずれも正解がわからないなかで、答えを出さなければなりません。

ときには自分の決断次第で、組織の業績が悪化し、最悪の場合、倒産してしまう可能性もあります。私の場合は、1000年以上続いた神社を消滅させることになるのです。そして、組織が潰れれば、自分だけではなく、従業員やその家族を路頭に迷わせてしまうことにもなります。

そんなプレッシャーのなかで経営者は、24時間、365日、課題と向き合い、考え続けています。誰かに相談したとしても、最終的な決断を下すのは経営者自身ですし、どんな結果になろうとも、全責任を負わなければならないのです。

「神様の言う通り！」と委ねてしまうのもひとつの手

このような大きなストレスのかかる環境にいれば、メンタルを崩すリスクは高くなりますが、メンタルの不調を抱えていては、経営者の役割を十分に果たせません。「精神力には自信がある」という人ほど要注意。知らず知らずのうちにストレスを溜め込んで、最終的に心が耐えられなくなるケースが多いからです。
大切なのは、心の負担を軽くする工夫です。人それぞれ自分に合った方法を見つければよいでしょうが、私自身は、心の負担を減らしてメンタルを安定させるために、神様のお力を借りています。

たとえば、徹底的に考えて、下調べをしても決断できないとき。考えれば考えるほど、新しい悩みが生まれて、迷路に入り込んでしまうことがあります。そういうときは、最後の手段としておみくじを引きます。おみくじに書かれた神様の意見をうかがうのです。

おみくじに書かれた内容を踏まえて自分の状況を振り返ると、「こちらを選べと言われているんだな」と神様のメッセージが伝わってきます。それも不思議と、そのとき自分が欲しい答えがもらえるような気がするのは、おみくじの書かれた内容を自分の都合のよいように解釈しているせいかもしれません。それでも、「神様の言う通り！」と、最終決断を神様に委ねてしまえるので、気持ちが非常に楽になります。

アマゾンの創業者ジェフ・ベゾスは、「ストレスを生み出す主な要因は、行動できないことにある」という主旨の発言をしています。決断できず、動けなくなっているとき、神様が背中を押してくれたら、経営者のストレスはぐっと軽くなります。

それで万が一、失敗したとしても「神様に言われた通りにした結果なので仕方がない」とある程度、諦めもつきますし、「これは神様から与えてくださった試練なのだろう」と考えれば、次へと気持ちを切り替えられるのです。

神様と向き合い、自分の心と向き合う

おみくじに頼るまでいかないときは、本殿で神様の前に座り、手を合わせて、神様と対話する時間をもつのもメンタルの安定につながります。神様に、自分が今、どんな問題に直面しているのかを話すだけで、気持ちが整理され、心が軽くなります。一般の方であれば、神棚を前にして神様に語りかけるのもよいでしょう。

気持ちが整理されれば、自分が今、何をすべきかも自ずとわかるようになります。自分の中にあった答えが見えて、自信をもって決断できるでしょう。

神様を通して、自分の心と向き合う時間をつくれるのです。

ただし、日頃から神様を信じていないと、心から神様を頼りにできません。普段から神様に手を合わせて、感謝や祈りを捧げる習慣をもつことをおすすめします。そうすれば、いざというとき、神様の力を感じられます。

経営者は孤独です。だからこそ、神様の存在が心の拠り所となってくれるでしょう。

自分自身の心との対話。自分自身をよく知り、己を信じてうまく用いることが日々の穏やかな心を保つ。

第5章

地域との連携

祈りと祭りでコミュニティーを生かす

⛩地域に生きる

インバウンドの増加に伴って、外国人観光客から見た日本や日本人ならではの魅力がクローズアップされる機会が増えました。それは同時に、日本人が「日本人らしさ」「自分らしさ」について改めて考える機会になっていると感じます。

日本人のアイデンティティの根幹にある神道

自他ともに認める自分像をアイデンティティと言いますが、国ごとのアイデンティティの根幹には宗教があると言われます。日本人の場合、そのアイデンティティの構築には、神道が深く関係しています。一般的に言われる日本人のアイデンティティには、「礼儀正しさ」「清潔さ」「謙虚さ」などが挙げられますが、これらは神道の考え方に通じるものがあります。

神道は地域社会と密着した宗教で、地域によってさまざまな特色があります。わかりやすいのがお祭りでしょう。青森というとねぶた祭りですが、もともとは七夕祭りと虫送りの行事が合わさり、無病息災を祈る禊行事として始まったお祭りで、根底には日本古来から続く神道的な信仰が流れています。こういった神道をもとに地域ごとに生まれる文化や営みが、私たちのアイデンティティをつくるひとつの要因となっているのです。

地元のお祭りに参加して気持ちがリフレッシュできたり、ふるさとの風景を思い出してほっとしたりするのは、自分らしさを取り戻せる気がするからではないでしょうか。

地域住民のシビックプライドを育てる神社

しかし残念ながら、日本の地方では、その地域ならではの文化や風習、風景が失われつつあります。その理由のひとつが人口減少です。当社のある青森市も、県庁所在地で唯一の消滅可能性自治体に分類されていて、地域活性化、地域創生が急務となっています。

そんな状況下で、神社の果たす役割は大きいと私は考えています。神社は地域のコミュニティの中心となり、文化や風習を継承する立場だからです。当社も地域の伝統を守りながら、地域活性化につながる取り組みを積極的に行っています。

そのキーワードはシビックプライドです。これは「地域に対する住民の誇りや愛着」のこと。そこで生まれ育った人はもちろん、別の地域から移り住んだ人にも、シビックプライドをもって、地域社会に貢献しようという気持ちを育てていきたいと考えています。

そのための小さな取り組みとして、津軽弁のおみくじをつくりました。津軽弁が特徴的な伊奈かっぺいさんという青森県を中心に活動するタレントの方にイラストや文字を書いていただいています。青森県の名産であるりんご型とホタテ型の張り子に封入されていて、見た目のデザインも工夫しました。

とくに東北地方の場合、昔は津軽弁のような「お国訛り」を恥ずかしいと考える人も少なくありませんでしたが、現代はその地域のアイデンティティのひとつであると考えられるようになっています。私も、地域の人たちにふるさとの言葉にもっと愛着をもってほしいという思いから企画しました。観光客だけでなく、地域の参拝者や、帰省してきた方にも好評です。

また、当社は、青森ねぶた祭りの運行ルート上にあり、金魚ねぶた献灯祭を開催するなど、ねぶたと縁が深い神社として知られています。そのため、ねぶたを奉納してくれる方も多く、境内のいたるところにねぶたが飾られています。地域の方からは「ねぶたの神社」などと言われることもあり、青森の文化であるねぶたをより身近に感じていただく場所にもなっています。

地域が土壌だとしたら、私たちはそこから環境や文化という養分をもらって成熟していく実のようなものです。実はやがて土に戻って新しい芽を出しますが、私たちも育ててもらった地域へ何か恩返しをしていかなければなりません。

私自身は地域の文化を守り、歴史を継承していくことは、地域に育てられ、地域に生きる者の責任だと考えています。そして、その地域で暮らす人たちのアイデンティティを養う環境を守っていきたいです。

見慣れた自然、社会の縮図の街、連綿とつながる人の営み。そのどれもが、自分らしさの源流をつくっている。誇りや愛着をもてる地域を育み、大切にすることがよき人間形成の土台となる。

祈りと祭り

神社で神様に仕える神職にとって、もっとも大切な仕事はお祭りであり、「お祭りこそ祈りである」と私は考えています。

お祭りというとみんなで楽しむ催し物という認識をもっている方も多いかもしれませんが、神社で行うお祭りは「フェスティバル」とは違います。お祭りの語源には諸説ありますが、「尊い存在にものを献上する」という意味の「奉る」「献る」という言葉がもとになっていると言われています。この語源の通り、お祭りの一番大切な目的は、神様にお供え物とともに感謝を捧げて、神様に喜んでいただくことです。そのうえで、「五穀豊穣」や「疫病退散」といった祈りを捧げるのです。

神社で毎朝行われる「祭り」

先に説明しましたが、毎日、神社で行われている祈願も、「諸祭」というお祭りの一種です。当社では、毎朝、「東日本大震災安鎮復興祈願祭」を行っています。

平成23年（２０１１）3月11日、震災が発生した当時は、青森市も数日間、停電し、不安だったことを覚えています。被災地の被害の大きさを知り、少しでも早い復興を願う祝詞を作って復興祭を始めました。その日から今日まで、毎日欠かさず、祝詞を奏上し、被災者のみなさんの幸せを祈念しています。

さらにもうひとつ、コロナ禍以降、執り行っていたお祭りが、「新型コロナウイルス疫病退散病厄除祈祷」です。令和2年（２０２０）4月、長崎市に停泊していたクルーズ船「コスタ・アトランチカ」で、新型コロナウイルスの集団感染が起こったというニュースを知り、「これは全国に拡大していくだろう」と感じたのがきっかけでした。日本唯一の病厄除守護の神社として、このご祈祷も、終息するまで毎日続けていました。

平成29年（２０１７）の九州北部豪雨災害など、自分たちの地域以外であってもこのように、災禍あれば真っ先に祝詞を作文し、祈り続けています。

困難を乗り越えるための祈りの対象

コロナ禍では多くの方が、神様と同じような「見えないものの存在」を心の拠り所としていました。それが江戸時代から伝わるアマビエという妖怪で、鳥のようなクチバシのある顔に長い髪、体は魚のようなウロコに覆われ、足は3本という姿をしています。熊本の海に現れて、6年間の豊作と疫病の流行を予言して、「私の姿を絵に描いて人々に見せよ」と告げて姿を消したという話が残っているのだそう。このアマビエのイラストがＳＮＳに投稿されたのをきっかけに日本中で話題となったのは記憶に新しいです。

神職である私としては、みなさんが困ったときにすがる相手が神社の神様でなかったのはさみしく感じました。全国に神社は約8万社もあり、疫病退散の御神徳がある神社も少なくないにもかかわらず、です。

そこで、今後、さらに広く廣田神社の神様のことを知っていただくため、「全国神さまの使いコンテスト」を企画しました。神様の使者と言えば、稲荷神社の狐や春日明神の鹿が有名ですが、廣田神社の神様にお仕えする生き物を考えてもらい、広く愛してもらえる存在となれば、いざというときに、当社を思い出し、頼りにしてもらえるのではと考えたのです。

このコンテストでは、病厄除守護神である廣田神社の神様とともに疫病を退散する神様の使いのイラストと、そのキャラクターがわかるストーリーをプロ・アマ問わず広く募集しました。すると、企画からわずか1カ月で全国各地から約30件もの応募をいただくことに。県内の複数のグラフィックデザイナーが審査を行った結果、県内の商業高校に通う女子学生が考えたフクロウの「福丸」が大賞を受賞したのです。

福丸は当社の神様の使いとして、みなさんに愛着をもっていただけるよう、福丸をデザインしたお守りや絵馬をつくって、お納めいただいています。１００年後も、この神様の使者とともに当社の神様が、みなさんの祈りの対象となっていてくれたらと願っています。

毎日、神社では祭り事を行い、祈りを捧げています。そういう日々の積み重ねが、世の中の平和につながると私たちは信じているのです。そして、神職ではない一般の人たちにも、祭りの意味や大切さを知って、一緒に神様に手を合わせてほしいと思っています。

> 祭りは祈り。祈りは祭り。一心に、只管《ひたすら》に、捧げ奉り、神様の神意をうかがい、みたまのふゆをかがふる。その積み重ねが太平を開く。それがまつりごと。

祭りの灯を絶やさない

京都で7月に行われる有名なお祭りに、祇園祭があります。祇園祭は平安時代の８６９年、京で疫病が蔓延した際、八坂神社（当時の祇園社）から神輿《みこし》を出して疫病の退散を祈願した「祇園御《ご》霊《りょう》会《え》」が始まりとされています。

流行り病や天災など、人の力ではどうすることもできない災難に襲われたとき、人は見えない存在に「厄災が鎮まるように」と祈ります。これが祈りや祭りの原点なのではないでしょうか。

古来より変わらない、人々の願いが形となったお祭り

現代まで、およそ１１００年もの歴史がある祇園祭ですが、途中、消滅の危機に見舞われています。たとえば１４６７年の応仁の乱によって、33年間も中断されています。その後、１５００年に復興されたのは、１４９８年に発生した東海大震災の影響が大きいと考えられています。災害の復興を願う気持ちが、お祭りの復活を後押ししたのです。また、明治時代には１８７９年・１８８６年・１８９５年とコレラが流行しますが、開催時期を変更し、乗り越えています。

そしてコロナ禍の２０２０年・２０２１年にも中止を余儀なくされますが、２０２２年には再開。それ以降も多くの来場者でにぎわっており、２０２４年の祇園祭における経済効果は約２０３億円で、近年では最高額だと推定されるそうです。来場した多くの方たちの心には、コロ

ナ禍を乗り越えた喜びや感謝とともに、「未知の感染症が流行するようなことは二度とないように」という祈りもあったのではないでしょうか。

祭りは時代の祈りを映す鏡です。その時代を生きる人たちの願いが形となったものが祭りなのです。科学が進歩した現代でもそれは変わりません。

地域の人々の祈りを大切にしたお祭りを

当社では古来より、毎年、春と秋に神輿を出し、その年の大漁や豊作を祈願・感謝する神幸祭《しんこうさい》が行われていました。けれども、江戸時代に、大凶作や飢饉によって中止や復活を繰り返し、天保年間に衰退してからは、現代までずっと行われていませんでした。

それを１８０年ぶりに復活させたのが、２０１２年です。２０１４年に迎える進藤庄兵衛正次の生誕４００年に向けて、２００７年頃から準備を始め、実現することができました。青森の町作りに尽力した恩人である神様に神輿に乗っていただき、発展した町を見てもらいたいという思いと、地域の人にもっと進藤庄兵衛正次の功績を知ってもらい、一緒にこれからの地域の発展を祈りたいという気持ちで立ち上げた企画でした。

けれども、新型コロナウイルス感染症の世界的な流行によって、またも神幸祭は中断せざるを得なくなります。さらに、祭りの復興に協力してくださった方々の高齢化や、地域ねぶた団体の解散なども重なり、いまだに再開はできていません。

ただ、いろいろなつてを頼って協力者を探していたところ、大学生のねぶた制作サークルのメンバーと知り合うことができ、神輿と一緒に運行するねぶたを制作いただくことになりました。

また、再興のプロジェクトを立ち上げ、奉仕協力していただくメンバーを集めるだけではなく、地域のさまざまなかかわりをもつ団体を一緒に巻きこみ、祈りを本質としながらも、現代にとって必要な祭りをつくっています。

青森市は少子高齢化が著しく、氏子区域の子ども会はすべてなくなり、町会自体が機能しない地域も増えています。子どもからご年配の方まで地域の活動がなくなっているからこそ、今、祭りが必要だと思っています。困難な挑戦ですが100年、1000年続く、祈りの祭りを残していきます。コロナ禍を経験した今だからこそ、地域の人々の祈りのこもった意味のあるお祭りができるはずだと考えています。

お祭りは「伝統だから」「歴史的に価値があるから」残っていくのではありません。そこに人間の祈りがあるから、一度、中断したとしても、その地域の人々によって再び、開催されるようになるのです。原点に立ち返って「その祭りで何を祈るか」を考え、形にしていくことが、結果としてお祭りを守ることにつながります。

> 祭りは伝統だから存続させるのではなく、時代の災禍を祓うため、人々が心から祈り求める形が祭りとなって現れる。

ハレとケの日をプロデュースする

「神社は人の一生に寄り添う場所である」と私は考えています。

神様から命を授かってから初宮参り、七五三、結婚、安産祈願、年祝いなど、折に触れて神社を訪れ、少しずつ神様との関係を結んでいき、亡くなった後には神様のもとへと帰っていく、というように、日本人の一生には、神社がつきものだからです。1年という短いスパンでみても、初詣や節分、夏や秋のお祭りなど、年中行事で神社を訪れますし、また朝晩、神棚に手を合わせることで、毎日、神社の神様とつながっている人もいるでしょう。神社にめったに訪れないという人でも、神道からみれば、神様がいて、祖霊(祖先)がいて、その連続性のなかに「自分」がいて、子孫へとつながっていきます。私たち日本人は神様と無縁ではないのです。

多くの人の人生の中に、毎日の生活のなかに、神社があります。

神社で行うハレの日の儀式

「一生に一度のハレの日」というように、年中行事などの非日常のことを「ハレ」といいます。神社で行う人生儀礼は、別の言い方をすれば「ハレの日の儀式」ということになります。

廣田神社もハレの日の儀式を丁寧に執り行い、人々の人生に寄り添っていきたいと考えています。

たとえば、安産祈願を受けた方々にお子さんが生まれた際には、色紙にお子さんのお名前を書き、神社の御朱印を押してお渡ししています。希望制なのですが、ありがたいことに、これまで書いた色紙は１５００枚以上にのぼります。持参された命名書も、神職がお名前を書かせていただいています。

安産祈願を行って終わりではなく、出産のお祝いをすることで、新しい命を一緒に喜び、改めて神様へ感謝と祈りを捧げていただく機会にしてほしいと考えています。

また、令和４年（２０２２）から当社は、海葬を執り行っています。海葬とは、船の上で神職が故人の御霊を清める「清祓《きよはらい》の儀」を行い、散骨してご遺骨を海にお還しする儀式です。

お寺と違って神社は、「死」と結びかないことが多いですが、私はこのことにずっと疑問をもっていました。「死があってこその生」であり、人の一生にかかわる神社として、死にかかわる儀式においても大切な役割を果たすべきと思っているからです。

海葬後は、御霊は境内の祖霊社へ合祀し、永代にわたって祭祀を執り行います。祖霊社へは朝の出勤前でも、いつでもお参りできるので、ご先祖様をいつも近くに感じることができます。

神社は人々の毎日に寄り添う場所

「ハレ」に対して、日常のことを「ケ」と言います。神社は人生のハレの日ばかりではなく、ケの日においても神様と人とをつなぐ役割を担っています。

葬祭は一般的に「ハレ（非日常）」「ケ（日常）」から、さらに不浄としての「ケガレ」として捉えることが多いですが、「死」という「ケガレ」を神々の世界でもある神聖な海で浄化させて弔い、葬ることは、「ハレ」としての大事な儀礼であるとも思っています。

当社でもっとも多いご祈祷は、一切の病や厄災を祓う「病厄除」ですが、年々、全国から希望者が増えています。それも厄年だから、病気になったからというだけではなく、1年に1回、3カ月に1回など、定期的に行う方が目立つようになってきました。なかには、1カ月ごとにご祈祷を続けている方や、他県から家族全員でいらっしゃる方などもいます。年齢層も10代～70代と幅広く、若い方からのお申し込みも多いです。

神様のお力を借りて心身をリセットし、よい状態を保ちたいという理由でご祈祷を受ける人たちが増えているのです。何気ない毎日への感謝や、これからも1日1日を大切に積み重ねていきたいという祈りを神様に伝える大切な機会になっているようです。

日本唯一の「病厄除守護神」であることを積極的に宣揚《せんよう》してきた甲斐があり、当社の御神徳を多くの人に知っていただき、頼りにしてもらえていることに喜びを感じています。

ハレの日も、ケの日も関係なく、神社は人々の一生に寄り添う場所です。神職は、参拝者の大切な瞬間瞬間を神様とつなぐ「なかとりもち」として、人生をよりよいものにプロデュースしていくのが役割。常に緊張感をもってその役目に取り組んでいかなければと日々、心がけています。

神社は人生を導く道しるべであり、人の一生に寄り添う場所。その大切な瞬間瞬間を神職が仲執りもつ。

伝統文化を楽しく学ぶ

「あっという間の1年でした」「気づけばもう12月で驚きました」。こんな言葉が、年末の口癖になっている人は多いのではないでしょうか。仕事や家事、子育てなど、毎日忙しくしていれば仕方がありませんが、「いたずらに時間を過ごしてしまった」と少し後悔する人も少なくないかもしれません。

しかし元来、日本人は毎日を丁寧に楽しむのが上手な人たちでした。なぜそう思うのかというと、日本の年中行事の多さが理由のひとつです。

日本には四季があり、その季節の移り変わりに合わせて、多くの行事があります。たとえば1月ひと月だけを見ても、初詣やおせち、門松、しめ飾り、鏡餅、お年玉、年賀状といったさまざまなお正月の行事や風習のほか、七草粥（人日《じんじつ》の節句）、鏡開き、成人式、どんと焼きなど、日本人の習慣として根づいてきたものが多々あります。

こういった伝統的な行事があることで四季の移ろいを敏感に感じ、その折々で神様や自然、ご先祖様に対する感謝、祈りを伝えることができます。それは、まさに自分のいる「今」と向き合い、大切にすることにつながるのです。

日本の伝統文化を体験する講座を企画

伝統的な行事や習わしを行うと生活にメリハリが生まれて、今を大切に生活できるので、心が豊かになります。ところが残念なことに、そんな貴重な伝統行事も、徐々に失われつつあるのが現状です。

そこで、当社で開催したのが、「教養講座」です。これまで、不定期ですが、日本の歴史や伝統を学ぶ体験講座を何度か開いてきました。

たとえば、しめ飾りづくりの講座。しめ飾りは、しめ縄に紙垂や橙《だいだい》などの縁起物の飾りをつけたものです。そもそもしめ縄は、神様の領域とそれ以外とを隔てる結界の役割をするもので、神社の拝殿や鳥居などにつけられています。一方で、しめ飾りはお正月に玄関先に飾るもので、新しい年神様を家にお迎えするため、家が神聖な場所であることを示すために始まったとされていて、魔除けの意味もあると言われています。

今ではスーパーやホームセンターなどで購入する人が多いですが、昔は家庭で手づくりされていました。そんなお正月の風習を体験していただきたく、当社の講座では、フラワーデザイナーさんとコラボレーションし、華やかな造花などを使ったおしゃれなしめ飾りづくりを行ったのです。つくったしめ飾りは当社でお祓いして、おもち帰りいただきました。

また、津軽地方に江戸時代から伝わる伝統的な刺繍(刺し子)の「こぎん刺し」の講座では、講師を招いて、お守り袋に伝統的なこぎん刺しの模様を刺繍。オリジナルのお守り袋をつくってもらいました。

こぎん刺しはもともと、江戸時代に麻の着物しか着用を許されていなかった農民たちが、着物の保温と補強のために、木綿の糸で刺し子をしたのが始まりと言われています。地域の人々の知恵から生まれた文化を知識としてだけでなく、身をもって知るよい機会になったと思います。

このほかに、教養講座として、神道のお作法講座やひな飾づくり、盆花づくり、着物コーディネートなどの教室も開いてきました。新型コロナウイルス感染症の流行で中断していますが、今後また再開したいと考えています。

行事や習わしで、毎日を丁寧に

私がこのような講座を企画したのは、先にも述べた通り、日本や地域の伝統文化を知り、毎日を丁寧に暮らすきっかけにしてほしいからです。忙しさに流されていると、いたずらに時間が流れてしまいます。少し立ち止まって、ゆっくりと今を楽しむ時間をつくってほしいと思います。

「タイパ（タイムパフォーマンス／時間対効果）」という言葉をよく耳にするようになりましたが、最近はとにかく、時間をかけないこと、手間をかけないことがよいことと考える人が増えているようです。「待つことができない人」が多いとも言われています。けれども、タイパばかりを気にしていたら、時間に追われるばかりで、心のゆとりが失われてしまいます。

また、休みの日でもスマホやパソコンから離れられなかったり、動画配信サービスでドラマを見るだけで終わってしまったりする人も多いようです。それでは、頭は回転しっぱなしで脳を休められません。

その点、日本の伝統的な風習や文化は、準備やひとつひとつの手順を大切にしますし、時間をかけて、ものに触れて、手を動かします。このような実体験は知識だけでは得られない充足感が得られます。そのことだけに集中できるので自分と向き合う時間にもなります。あるいは、人と協力したり、おしゃべりしたりできて、ストレス解消となることもあるでしょう。

ちょっと立ち止まって、季節や日本文化を感じる時間をつくってみませんか?

> その瞬間だからこそ味わえる季節や伝統文化、行事の楽しみを、人や時間、空間を共有し、丁寧な暮らしをすることが毎日の営みを豊かにし、安寧をもたらす。

想いでつながる神社にする

神道や神社には「布教」という概念がありません。それは、そもそも必要がなかったというのが理由のひとつだろうと考えられます。

神社の多くはもともと、同じ土地に暮らす氏族が祖先や氏族に縁の深い神様を祀ったもので、血縁者である氏子が信仰していました。そして、その信仰はその子孫へと代々受け継がれていったのです。その後は徐々に、血縁にかかわらず、その地域に暮らす人々が広く氏子となり、その土地の守り神として神社を信仰するようになります。そのため、神社は不特定多数の人を対象にした布教活動を行わなくても、地域の人々によって守られてきたのです。

ただ現在、神社を取り巻く状況は大きく変化しています。地方の場合はとくに、都市部への人口流出は大きな問題になっていますし、反対に別の土地から移住してくる人もいて地域のつながりは希薄になっています。今まで神社を守ってくれた氏子だけに頼っていては、神社を維持継承していくことは難しくなっているのです。

多くの神社が、自ら、広報活動を行わなければならない時代といえるでしょう。

メディアへの売り込みで神社の御神徳をPR

私も宮司に就任してすぐ、当社の魅力をアピールするための情報発信が必要だと考えました。まずは当社が、すべての病や厄災を祓う御神徳がある「病厄除守護」の神社であることを広めたかったのです。しかし、広告や宣伝に使える資金は全くありません。

そこで考えたのが、テレビや新聞などのメディアにこちらからコンタクトをとって、取材をしてもらう作戦です。自ら話題を提供し、取材をしてもらえれば、無料でPRができます。だからといって、無料で何でもかんでも取材してもらう、ということではありません。当たり前ですが、前提として地域の人たちにとって、郷土を知る、文化を学ぶ、そうした意義のある活動を広く知ってもらう内容であり、活動でなければいけません。

はじめの頃は、地域のテレビ局や新聞社、雑誌やフリーペーパーの発行元などに片っ端から連絡をとりました。すると、おもしろがって取材していただける機会が増えていったのです。

たとえば、神社の社殿に飾られている提灯が古くなり、総代の方が奉納してくださることになったとき。どうせなら、地域のねぶた師にねぶたの提灯をつくってもらおうということになり、それが青森の神社ならではの画期的な取り組みだということで、全国紙やネットニュースに取り上げていただきました。

また、金魚ねぶた献灯祭も初年度は、プレスリリースをつくって配布したところ、さまざまな媒体が取材に来てくれましたし、さらに一般の方が「#金魚ねぶた献灯祭」をつけてSNSで投稿してくれた効果も大きかったです。1年目の来場者は1000人。2回目はコロナ禍に入り多少減ったものの、ほぼ横ばいとなり、コロナ禍が明ける頃には大きく参拝数を伸ばし、令和6年（2024）には3万人を超え、1年目の30倍以上にもなっています。

こういったひとつひとつのPR活動の積み重ねで、今では1年に3～4回は地元メディアに取材されるようになりました。そこでは神社の由緒やご神徳についてもできるだけお話しさせていただき、祈りの場としての当社の魅力を伝えるように務めています。

SNSでボーダレスなつながりを

さらに当社は、SNSや音声メディアなどを使った情報発信にも力を入れています。現代はボーダレスの時代と言われます。インターネットを使えば、どこにいても、誰とでもすぐにコミュニケーションがとれます。

先に触れましたが、当社ではコロナ禍にも、SNSのライブ配信を行い、外出が難しい時期にも全国の人たちと時間を共有し、つながることができました。そこで「神社は毎日、みなさんの安寧を祈っているので安心してお過ごしください」とお伝えし続けたことで、「ほっとした」「ありがたかった」というお声をたくさんいただいたのです。

また、コロナ禍は経営者の方にとって苦しい時期でしたので、「金を生み出す稲荷様」と言われ、金運アップの御神徳がある境内の金生稲荷神社からもライブ配信。「金生神社のご神徳をいただいて一緒に頑張りましょう」とのメッセージを送ったり、日本料理の料理人が自らの包丁を供養する塚が境内にあるご縁で、料理人を守るお神札を無料で配り、飲食店の復活を共に祈ったりしました。こういったSNS上のつながりをきっかけに「状況が落ち着いたらお参りに行きます」と言ってくださる方もいて、実際、全国から多くの方に参拝しに来ていただいています。

昔は、神社は地域の人たちで守るものでしたが、今は地域という枠を飛び越えて、日本中の人たちが交わる場所になっています。神社としての思いを発信し、それをしっかりと受け取ってもらえれば、新たな信仰を生み、ボーダレスなつながりを紡いでいくことができるのです。

神社の規模や、アクセスの距離でつながるのではなく、信仰の基である想いを発信し、受け取ってもらうことでボーダレスなつながりを紡ぐ。

ふるさとの神社を守るという使命

「ふるさとを守りたい」という思いは、誰の心にもあるでしょう。今、そこに生活している人はもちろん、遠く離れていても、帰る場所があることが心の支えになります。

自分が自分に帰る場所

そして、ふるさとの思い出の中には、神社の風景も含まれているのではないでしょうか。たとえば、神社で開かれるお祭りは地域ごとにさまざまな特徴があり、だからこそ、多くの人の心象風景として刻まれているものです。友だちや家族と出店を回ったり、お神輿を担いだりした経験が心に残っている人も多いでしょう。

また、お正月には毎年、家族で初詣に出かけた思い出をもっている人もたくさんいるはず。真夜中に外出する特別感や境内でふるまわれる甘酒の温かさ、家族みんなで引いたおみくじに一喜一憂したことなど、人によってさまざまな思い出があると思います。

ふるさとの神社に改めて足を運べば、過去のさまざまな出来事が自然と思い返されるはずです。それが一度立ち止まって、自分の人生を振り返るよいきっかけとなるでしょう。

大人になって、自分の生き方を見失ったとき、自分の気持ちがわからなくなったときは、自分が生まれ育った土地に帰り、神様の前で自分を見つめ直してみてください。ふるさとの神社は、自分が自分に帰る場所でもあるのです。

震災ボランティアで気づいた未来への祈り

そして、神社は未来を祈る場でもあります。

そのことを改めて強く感じたのが、東日本大震災の数カ月後、宮城県石巻市でボランティアに参加したときです。作業現場のまわりの道路はすべて陥没していて、車がいたるところで転倒していました。住宅の1階は浸水によって泥まみれになっていて、津波の被害の大きさに言葉を失ったのを覚えています。

その道端に見つけたのが小さな祠です。そこには石がたくさん積み重なっていました。なんだろうと気になって見ていると、そこには祠の神様に熱心に祈る地元の人の姿がありました。石はお賽銭の代わりとして供えられたものだったのです。

震災の被害状況を考えれば、被災者のみなさんが「神も仏もない」と絶望してもおかしくありません。けれども、そんなひどい状況に置かれてもなお、神様に手を合わせる姿を見て、人はいつでも未来を見据えて生きるのだということ、そしてその未来のために祈るのだということを実感しました。あるいは祈ることで、神様から生きる力をいただいていた人もいたでしょう。

ふるさとの神社は、私たちの過去と未来が交差するところです。帰る場所であり、未来を祈る場所でもあります。そんなすべての人にとって大切な場所を守ることが、私たち宮司の使命なのです。

私がご先祖様の御霊をお祀りする祖霊社をつくったのも、神社が「帰る場所」「祈る場所」であり続け、ふるさとと人々をつなぐ役割を果たしたいと考えたからです。

近年、ふるさとから離れて住んでいて墓参りが難しかったり、お墓を継承する人がいなかったりして、墓じまいを考える人が増えています。ただ墓じまいをするにしても簡単ではなく、代々受け継がれてきたお墓を自分の代で閉じてしまうことに、罪悪感を抱える人も大勢います。

そんな方たちの悩みを知ったのも、神社の中に先祖の御霊を永代にお祀りする場所をつくろうと考えたひとつのきっかけとなりました。お墓がなくなったとしても祖霊社があれば、ふるさとにご先祖様の居場所を残してあげられますし、今を生きる人たちがふるさとに帰ってくる理由をつくることもできます。

そうやって神社が、ふるさとの役割を果たしていければと考えています。

古里《ふるさと》があるということは、帰る場所があるということ。祈る場所があるということは前に進む場所があるということ。そのどちらもが神社であり、ふるさとと共に歴史を紡いできている。過去と未来が交差するのが神社であり心の故郷。感謝は過去で祈りは未来へと紡がれる。

第6章

現代版
神道のある暮らし

心の整え方から幸せになる作法まで

⛩ 心を整える

「元気」は「元の気」と書きます。心身が元気でいるには、気持ちや気分をもとの状態に戻す必要があるということでしょう。気分が落ち込んで憂鬱なときはもちろん、テンションが高すぎたり、イライラして落ち着かなかったりするときも、心が乱れた「元気のない状態」なのです。

たとえば、睡眠時間を削ってバリバリ仕事をこなしているとき、はじめは充実感があるかもしれませんが、続ければ必ず心身ともに疲弊してしまいます。心の針がマイナスでもプラスでも、偏りすぎていると心の負担になり、結局、気力は失われていきます。

ときどきは、心の針を真ん中に戻しましょう。そうすることでまた新たな力を生み出せるようになります。

現代人の場合、とくに他人に振り回されて心を乱す人が多いように感じます。SNSに公開されている友人の日常がキラキラして見えて、ヤキモキしたり、落ち込んだりするという話もよく聞きます。また、過剰に人からの目を気にして、SNSでさえ自分の自由な意見が言えないという人もいます。他人の価値観に振り回されて、心が疲れてしまう人が多いのです。

ただ、心が乱れることは誰にでもあります。そういうときに心を整える方法をもっておけばよいのです。

衣食住を清浄に保つ

私は神職として、神様のお力をお借りして心を整える方法を実践していますし、みなさんにもおすすめします。

具体的に何をすればよいかというと、ひとつは「衣食住を清浄に整える」ことです。

衣服であれば、あまり何日も放置せずこまめに洗濯しましょう。畳む際も適当にではなく、折り目正しく畳み、億劫でもアイロンがけをすること。準備をする際には手間がかかりますが、袖を通したときの気持ちが全く違います。

神社でもまず、装束の畳み方から習います。正しく畳めると、装束は何年経ってもきれいな状態で仕舞うことができるようになっています。実際に、先代宮司のもっとも大きな祭事に着装する衣冠は何年も経っているはずですが、新品同様のとてもきれいな状態でした。きれいに畳むのは神様に対して非礼のないように常に清浄な状態を保つというのももちろんありますが、自身が神前に向かう姿勢を整わせるためにもとても大切なことです。

食に関してであれば、食器を丁寧に洗ったり扱ったりしましょう。また、清浄とは単純に物をきれいにするというだけではなく、きれいに食べるということも重要です。最近は驚くことに、ご年配の方でもかなりの方が指し箸や渡し箸などの不作法ばかりか、箸を正しくもつことさえできない方が多くなりました。お茶碗には米粒が残り、焼き魚は見るも無残な状態で食べ終わる方もいらっしゃいます。「食べるだけなんだからそんな神経使わなくてもいいでしょ」と思いがちですが、そもそも食べることは命をいただくことです。そのうえで何度もお話ししましたが、心を充実させるためには、型を学ぶことがとても重要です。なぜ、正しい箸のもち方があるのか、してはいけない不作法があるのか、なぜきれいに食べなければならないのか。そのきわまるところは、自分の命の糧であるすべての命をいただくにあたり、きれいな心を型として表すことで、日々の習慣の中に感謝の心を育んでいるからです。

住まいに関しては、こまめに掃除すること、整理整頓をすることが大事です。とくに、水回りと埃の掃除は重要です。人間の体のほとんどは水で形成されていると言われています。ですから、水回りを清浄に保つということは体を正常に循環させる力をもっています。また、日々生命を駆動させる息に必要なものは空気です。掃除をして舞い散るほこりを除去して常に新鮮な空気にすることが大切です。人の一生は産声をあげて始まり、息を引き取って終わります。息こそがその人の生命エネルギーそのものです。だからこそ、常に新鮮な空気にしなければなりません。神社の奉仕も掃除にはじまり掃除に終わります。廣田神社では宮司だろうとアルバイトだろうと必ず毎朝全員で掃除をします。そのことで今日1日をよい1日にして励むことができます。

私たちの身の回りのさまざまなものに神様が宿っていますが、衣食住にかかわる神様もいます。また、神職が執り行うお祭りには、衣食住にかかわるものが多くあります。住宅を建てる際、土地の神様に工事中の安全を祈願する「地鎮祭」はよく知られているでしょう。そのほかにも、伊勢の神宮では、毎年5月と10月に、天照大御神がお召しになる衣を奉る「神御衣祭《かんみそさい》」や、由緒ある人車で衣替えの時期に行う「更衣祭《こういさい》」、毎日、神様に食事をお供えする日供祭などもあります。

日常生活のなかでも、神様への感謝の心をもって衣食住を大切にすることを心がけましょう。

そうやって衣食住を清浄に保てば、神様の御神徳をいただいて、自然と気持ちもきれいになっていきます。


衣食住が整えば、心の入れ物である身体の調子もよくなります。「健全な精神は健全な肉体に宿る」と言われるように、体調がよければ心も元気になります。反対に、いくら心を整えても、その入れ物である身体をこわしていたら、ひびの入ったコップから水が漏れ出てしまうように、心は失われてしまいます。心を豊かに保つには、身体の健康を整えることも忘れてはいけません。

鎮守の森で心をリセット

もうひとつ、神社にある鎮守の森で、自然を感じる時間をもつのも効果的です。

私たちはもともと、自然界のなかで生まれてきた存在です。自然の中に身をおくと、心がリセットされます。

都会の中にあっても自然を感じられるのが、鎮守の森です。森の中に足を踏み入れると、空気が変わるのが感じられるでしょう。そこで大きく深呼吸をしてみてください。そして、降り注ぐ木漏れ日や吹き抜ける風、水の音や鳥の鳴き声など、自然のさまざまな気を感じて、体の中に取り入れます。

そして、森にいらっしゃる神様と心の中で対話してみましょう。今、生かされていることや大切な人との出合いに感謝し、神様との結びつきを感じていると、心がすっと真ん中に戻るような感覚が味わえます。

心の乱れを感じたら、鎮守の森へ足を運んでみてください。

整えるということは、自分がもっとも自分らしくいられる状態に戻すこと。それは神様の恩恵を受けられるよう、深呼吸できる大切な場所をつくることで、もとの気に戻れない自分を戻して整えてくれる。

みんな、「授かりもの」

数年前、86歳になられた上皇后陛下の美智子様の昔のようにピアノが弾けなくなったことに対する考え方がすばらしいと話題となったことがありました。上皇后陛下は令和元年（2019）に早期乳がんと診断され、その治療の影響で手指がこわばり、大好きだったピアノが以前のように弾けなくなってしまったそうです。そのことについて上皇后陛下は「今までできていたことは授かっていたもの、それができなくなったことはお返ししたもの」と受け止めてらっしゃるというのです。これはまさに、神道的なお考えだと思います。

神道では、自然界のみならず、身の回りのあらゆるものに神様が宿っていると考えます。私たちの命だけではなく、衣食住など、生きているなかで得られるものは、すべて神様から授かったものなのです。

すべては神様からいただいたもの

いただいたものと思えば、どんなものでも丁寧に扱おうという気持ちになるものです。

私の神職という職も神様から授かったもので、毎日のご奉仕やご祈祷は「させていただいている」ことです。そういう気持ちだからこそ、主体的に丁寧に取り組めるのです。これは神職に限らず、すべての仕事に当てはまります。

「やらされている」と思えば、やる気は出ませんし、ぞんざいになります。何事も神様から与えられた使命だと思って取り組みたいものです。

また、身近にあるものの扱い方も同じです。コップひとつとっても、いただいたものだと思えば、「手に取るときには両手を添えて」「棚に戻すときにはそっと置く」など丁寧に扱うでしょう。そうやってものを大切に扱うようになると、そのものがより大切に思えてくるものです。誰が、どこで、どんなふうにつくったものなのか、つくってくれた人への感謝の気持ちも生まれてくるでしょう。

手間を楽しみ、丁寧に時間を使う

ここで勘違いしがちなのが、時間の使い方です。「神様から授かった時間を大切に」というと効率だけを追い求める人がいますが、予定を詰め込めばいいというわけではありません。かえってやることが雑になってしまう場合も多いでしょう。

仕事でもなんでも「こなす」ことに注力するのではなく、たまにはひとつのことをじっくり、丁寧に取り組む時間をつくってみてください。

たとえば近年流行しているキャンプは、時間を丁寧に使える趣味のひとつだと思います。まきを割って火をおこしたり、自分で釣った魚を調理したり、飯ごうでお米を炊いたり……。あえて手間をかけることで、食材や食べられることへの感謝の気持ちを強く感じられるでしょう。

面倒でも切り身ではなく、まるまる一匹の魚を買って、自分でさばくのもおすすめです。

ときには無駄を楽しむ心の余裕が丁寧な暮らしにつながります。

また、そうやって手間をかけて丁寧に生活していると、物事の本質がわかるようになります。以前、「魚は切り身の状態で泳いでいる、と思っている子どもがいる」という話を聞いたことがありますが、食卓に切り身の魚しか登場しなければ、子どもがそう思うのは仕方がないことかもしれません。私たちの生活が便利になったために、物事の本質が見えにくくなっているのです。反対に、手間暇をかけた生活をすると、私たちが食べているもの、使っているものがどこから来るのか、誰が、どんなふうにつくっているのかが、自然と見えてくるようになります。そうすれば、すべてのものに心から感謝することができ、心豊かに生活できるでしょう。

子どもは「つくる」ものですか？

昨今、子どもを「つくる」という言い方をする人が多いですが、子どもはつくられるものなのでしょうか。たしかに男女の営みによって子どもは生まれますが、生命そのものはまさに奇跡の連続のなかで発生するものです。

私自身、第一子が誕生する際に当事者として妊活などを妻と学んできたことで、いかに「命」が生まれるということが夫婦だけの力ではないかということを強く知らされました。夫婦の命は親からつながれ、その親はさらにその親、そうしていくとご先祖様がいて、さらに遡っていくと氏神さまにつながっていくわけです。それを考えると、命というものはつくるものではなく、連綿とつながる命の連鎖のなかで授かったものと考える方がむしろ自然ではないでしょうか。

「つくる」と考えると、ついつい子どもの人生を親の思い通りにしようとしてしまいますが、「授かりもの」と思えば、子どもを育てるということは自分たちの思い通りにすることではない、授かったものだから、大切にその子が生きやすいように手助けをしてあげる、そう考えることで、「もの」ではなく、「人」として接することができ、結果、子どもとの時間を大切に、丁寧に過ごせるのではないでしょうか。

また、最近は野菜や果物も「つくる」という言い方が多いですが、昔は「育てる」という言い方をすることが多かった気がします。野菜や果物も、生産者が丹精込めて汗水たらして育てているからこそ、おいしく食べることができています。

そもそも、種はどこからやってくるのでしょうか。その種から葉や実はどうやってできていくのでしょうか。大自然の水。太陽の照り。肥沃な土。そのどれもが私たち人間の人智を越えた自然から授かっているものを、利用させていただき、「つくる」のではなく、さらに「育てて」いるのです。ですから、昔はつくるのではなく、育てているということが無意識にあったのではないでしょうか。すると、自分たちのものだから自由につくってよいとなるのではなく、育てさせていただいているのだから、誠実な形で育み、収穫しようという丁寧な気持ちになり、結果、その野菜や果実のもつ本来のおいしさの探求につながるはずです。

> 神様からいただく万物の命を「授かりもの」と実感することで、丁寧な暮らしにつながり、結果、心を落ち着かせ、余裕を生み、安らぎを得ることができる。

言葉が人生を変える

日本は「言霊の幸はふ国（言葉の霊力が幸福をもたらす国）」です。実際、生活のなかで言葉の力を感じることは多々あるでしょう。

ありがとうを口癖に

身近なところで言えば、使う言葉が人間関係に与える影響は非常に大きいでしょう。人は主に言葉を使ってコミュニケーションをとりますから、発する言葉によって、相手と信頼関係が築けたり、反対に壊れたりするのは当然です。

たとえば、まだ親しくない間柄であっても、あえて少し砕けた言葉を使うことで相手との距離が縮まるケースはよくあります。また、こちらがきれいな言葉を使うように心がけると相手も丁寧な言葉づかいで話してくれるようになったり、汚い言葉を使っていると同じような言葉遣いの人たちがまわりに集まったりするものです。

私は、よい人間関係を築くうえで必要な言葉は、感謝の言葉だと考えています。どんなささいなことであっても、相手から何かしてもらったら必ず「ありがとう」を伝えます。それが、信頼関係の土台になります。

とくに経営者や管理職などは、従業員や部下など目下の人に対する「ありがとう」を忘れてはいけません。その一言が、相手のやる気や仕事の質を高めることもあるからです。

祝詞も、まずは神様への感謝の言葉を並べます。それによって神様とよい関係が結べて、はじめて神様のお力がいただけるのです。

「ありがとう」と言われて嫌な気持ちになる人はいません。口癖にするくらい積極的に使っていきましょう。もちろん、心を込めて伝えることも重要です。

保護司をして、気づかされた言葉の力

人生の節目には、不思議と心に残る言葉があるものです。みなさんも「友だちの励ましがあったから頑張れた」「野球選手の〇〇さんの言葉に背中を押された」など、思い出す言葉があるのではないでしょうか。

私は特定のこの人に、この言葉を、というよりは、ある時期にたくさんの言葉をかけられたことが大きな節目としてありました。

それは私の宮司就任時です。宮司に就任した頃、先代宮司である父に対する親しみの言葉を多くの方にかけられました。同業である県内外の神職さんをはじめ、当社の役員総代、地域の氏子さんから父の友人、親戚にいたるまで。その誰もが、父との思い出を楽しそうに、よい人だった、面白い人だったと語り、そして今は亡き寂しさを口々に表していました。

15年間何十回と聞いたお話を、今でもついこの間のように私に話される方も決して少なくありません。

その一人一人の言葉に、私は宮司としての重責と覚悟を都度確認すると同時に、そこから見えてくる先代の宮司像が、自分が目指すべき宮司像へとなっているのかもしれません。

ですから、先代宮司から神職として、宮司としての職務を直接教わったことは一度もありませんでしたが、そうしたみなさんの言葉から聞くことのできなかった父の教えを知ることができ、今も続けることができているのだと思います。

また、こんなこともありました。私は10年ほど前から保護司をしているのですが、あるとき担当した青年の一人が「自分には、将来社長になりたいという夢があります」と話してくれたことがあります。私は彼に、「絶対に叶うよ」「だから一生懸命頑張ろうね」ということを言い続けました。前向きな言葉は人を前向きにすると思っているからです。

その後、彼は地方で仕事をしていたのですが、数年後、本当に会社を興し、さらに自分で新しい社屋を建てるまでに成功しました。創業時や社屋の建設の際、「ご祈祷してほしい」とお願いされたときは、心の底からうれしかったです。

彼が夢を叶えられたのはすべて彼自身の頑張りの結果ですが、あのとき、前向きな言葉をかけ続けたことは間違っていなかったと思えた出来事でした。私の言葉がほんの少しでも、彼の励ましになってくれていたならいいなと思っています。

自分の発する言葉が、誰かの人生に影響を与えることがあります。発する言葉に責任をもち、どうせならば人によい影響を与える言葉を選び、使っていきたいですね。

そして発する言葉によって影響されるのは他人だけではありません。何よりも、自分の言葉は、自分の脳に刻み込まれます。

「社長になりたい」と語った彼が夢を実現したように、人生は言葉で変えることができます。第1章でもお話ししたように、まわりを巻き込む力となって仲間を引き寄せてくれます。そして何より、その言葉が自分のやる気を押すスイッチとなるでしょう。「必ず実現したい」と気持ちが奮い立ち、さらに話しているうちに頭が整理されて、どうすれば実現できるか、道筋が見えてきます。

発する言葉によって、自分の人生が大きく変わることもあるのです。

> 言葉とは内なる魂の力を発動させ、コミュニケーションの先にある、人に対するおおらかさを養ったり、人生の豊かさを育んだりするための重要な装置である。

⛩ 出合いの紡ぎ方

「縁結び」の御神徳がある神社は、日本全国にさまざまあります。「縁」とは人と人だけでなく、天職や趣味、宝物、チャンスなど、人々をとりまくさまざまなものとの出合いやつながりを指します。人生を豊かに、幸福にしてくれる出合いを引き寄せてくれる力が「縁結び」なのです。

そして、縁結びの「結び」の語源となったと言われているのが、「産霊《ムスヒ》」という言葉です。産霊とは「さまざまなものを結びつけて、新たなモノを生み出す」現象や力を意味します。第4章で「国生み」の神話を紹介しましたが、これは、産霊の力によって伊邪那岐命と伊邪那美命が結びつき、日本の国土を生み出されたお話でした。

出合いというものは、すべてが偶然のように見えて、実は神々の産霊の力によってもたらされるものです。ただし、その力を受け取れるのは、神様を信じている人だけなのです。

神様を信じて行動することがよい出合いにつながる

神様を信じることが、よき出合いにつながります。なぜなら、謙虚に神様を信じる心があれば、「神様のご加護があるように」と正しい生き方をしようと思うものだからです。邪な心で神様か

らの御神徳が受けられると考える人はいないでしょう。

そして、自分なりの正しい行動の先に起こることに、成功も失敗もないと私は考えています。仮に、失敗に思える出来事が起きても、その結果、次にやるべきことが見えてくるもの。それを道標にしてさらに前に進めば、本当の成功へとつながるはずです。正しい行動の延長線上には、必ず、よき出合いがあるのです。

私の場合、宮司となったときから、まずは神様に奉仕し、祈ることを第一として、厄災が起これば必ず祝詞をつくり捧げたり、祭りの復興や立ち上げに尽力したりしてきました。その結果、多くの参拝者のみなさんとのつながりができたと思っています。

ご祈祷をした方には、祈願のための絵馬とお礼参り用の感謝絵馬の2つの絵馬をお渡ししているのですが、その7〜8割の方が感謝絵馬を奉納してくださっています。それだけ多くの方が神様を信じ、その結果、よい出合いに巡り合っているということでしょう。

さらに、私が妻と出合えたのも、神様のお導きのおかげです。

コロナ禍には参拝者が激減したのですが、その間にも神様へのご奉仕を続けながら、神様と人々とのつながりをなくさないためにさまざまな取り組みを行ってきました。そのひとつがSNSのライブ配信だったのですが、そのときコラボレーションをお願いしたのが佐賀県の福母八幡宮で宮司を務めていた、いまの妻だったのです。

妻も25歳の若さで宮司に就任し、さらに、お祭りの復興のために神社界で先駆けてクラウドファンディングに取り組んだり、雑誌に取り上げられたり、神様のために精力的に活動している女性でした。自分と境遇や考え方が似ているところが多く、「神職の仕事について、こんなに共感できる人は初めて出合った」ととても心強い気持ちになったことを覚えています。

自分の思いに素直に行動することが、出合いを産む

妻とは、その後交際ゼロ日で結婚に至り、結婚4年目には第一子を授かることができました。

コロナ禍が落ち着いた令和2年（2020）9月、私が福母八幡宮へ出かけたのが、直接の初対面だったのですが、その日の夜に「結婚しましょう」とプロポーズしたのです。すると突然の申し出にもかかわらず、妻の返事は「OK」。同年11月、出合って3回目で入籍しました。

ふつうであれば、まずはお付き合いをしてお互いのことをよく知ってから結婚を決めるものですが、実は私は、妻と直接会う前から、「もしかしたらこの人と結婚する気がする」という予感がありました。その自分の気持ちに正直にプロポーズしたのです。

お互いが宮司として神社を守る使命を大切にしているため、当然ながら別居婚です。もし、「常識的に」と遠距離恋愛から始めていたら、結婚にまではいたらなかったかもしれません。のちに妻も「付き合ってからだったら結婚していなかったと思う。タイミングが大切だよね」と話していました。

「ふつうならこうするべきだ」「〇〇だからできない」などと、常識にしばられ、できない理由

を探していては、せっかくのよい出合いを生かせずに終わってしまいます。
自分の思いに素直な感情のままに行動することが、最良の結果を生むのです。

出合いとは自然にやってくるように見えて、すべては神様からの産霊の働きによるもの。それを謙虚に受けとり信じる行動・実践によって御神縁《ごしんえん》が結ばれる。よき出合いとは、神様を信じるよき行動からしか生まれない。

幸せになる作法

私は常々「幸せは自分から、不幸せは他人から」と感じています。幸せは自分の心から生まれます。幸せの尺度は人それぞれで「いつ、どんなときに幸せと感じるのか」「どうすれば幸せになれるのか」は、自分にしかわかりません。他人が幸せと思うことが、自分にとっても幸せとは限らないのです。

にもかかわらず「隣の芝生は青い」と言われるように、他人の成功を妬んで自分が不幸に思えたり、他人からどう見られるかばかりを気にしてしまったりする人もいます。けれども他人の尺度で幸せを測ると、自分の本当の幸せからは遠ざかってしまいます。他人からは幸せに見えたとしても、結局、不幸せになってしまうのです。

幸せになりたいなら

また、他人に求めすぎる人も不幸せになります。「部下が○○してくれないから」「自分はここまで尽くしているのに、相手は何もしてくれない」など、相手が自分の期待通りに動いてくれないと、不満や不安を抱えることになるからです。

よく「他人は変えられない。変えられるのは自分だけ」と言われますが、他人の心や行動は思い通りにはならないものです。人に期待しすぎると、結果、がっかりするのは当たり前なのです。幸せになりたいのなら、他人に何かを求めるのではなく、自分自身に行動を求めましょう。

他人に期待しすぎてしまう人は、相手と一定の距離を保つことを心がけてみてください。いくら親しい間柄であっても、距離が近くなりすぎると相手に依存してしまいがちだからです。

そこで大切なのが、礼儀作法です。

別の章で、神職の祈祷では作法を大切にしていると言いましたが、作法は神様へ敬意を表すと同時に、神様との距離を適切に保つ役割もあるような気がします。

歩くときはどちらの足から前に出すか、お供え物はどの手順で神前に置くのかなど細かい作法を守ることで、神様は身近に存在しながらも、敬うべき遠い存在でもあると潜在意識のなかに刻み込まれるのです。神様は祈る対象ではありますが、作法を重んじることで、「ご奉仕させていただいている」というわれわれの立場が明確に意識できます。

他人に対しても礼儀を重んじることで、自分は自分、他人は他人という線引きができるのではないでしょうか。「親しき中にも礼儀あり」を心がけましょう。

人には笑顔で愛想よく接すること

誰かに期待しなくなると、「もっとこうしてほしい」「なんでできないの？」など、他人を責める気持ちがなくなり、人に対して寛容になれます。寛容な心をもって、まわりの人との関係性を大切にすることも、幸せになるための条件のひとつでしょう。まわりの人からの応援があるほど、物事はうまく進むからです。

そこでもうひとつ、私が人間関係において必要だと思うのが「人には笑顔で愛想よく接すること」です。

当社でお祀りしている神様のうちの1柱は、蛭子命で、またの名を恵比寿といいます。七福神の一人として有名な恵比寿様です。

恵比寿様というと、「えびす顔」と言われるように、目を細めてニッコリと笑う顔が印象的でしょう。あの笑顔を見ていると「笑う門には福来たる」ということわざを思い出します。

恵比寿様のようにいつも笑顔で挨拶をしてくれたり、話を聞いてくれたりする人に悪い印象をもつ人はいません。きっと誰とでもよい関係性を築けて、幸運が訪れるはずです。

『古事記』では「わらう」という言葉に「咲う」という漢字が使われています。「笑」と「咲」はもともと同字で、「咲」は「笑」の古字であり、のちに、「さく」という訓読があてられました。何かが花開くときそこには笑顔があり、笑顔があれば何かが花開くという意味が込められていたのではないでしょうか。昔の人も笑顔があるところに幸運が訪れることを知っていたのだと思います。

> 幸せは自分の尺度。不幸せは他人との尺度。自分の生き方に遠慮はせず、他人との接し方には配慮をすること。幸せは、神様を敬い崇める謙虚な行動と大らかな寛容の心から生まれる、日々の自らの行いの先にある。

ありのままに身をまかせる

まわりを海で囲まれ、山地が国土の75％を占めるなど、豊かな自然にめぐまれた日本。その反面、自然災害の多い国でもあります。長い歴史のなかで、台風や洪水、大雨、地震、津波、火山の噴火など、幾度も大きな災害に見舞われてきました。

そんな環境のなかで、日本人は自然の中に神々の力を見出し、自然の恵みに感謝しながら、災害や病を払い除けてほしいと祈りを捧げてきました。そうやって、ときに猛威を振るう自然の脅威を受け入れ、共存してきたのです。

そこには、どんな災禍災厄が襲ってきたとしても、「神様の思し召し」と身をまかせ、乗り越えてきた日本人の強さが感じられます。

神様から与えられたものと受け入れる

現代においてはこれまでの経験や科学技術を生かし、災害の被害を最小限にする対策がさまざま行われるようになっています。ただ、それでも災害の被害をゼロにすることはできません。

また、日常生活においても、人それぞれに防ぎようのない困難は必ず起こります。そういうときに必要なのは、古来の日本人と同じように何事も神様から与えられたものと受け入れ、「ありのままに身をまかせよう」という心のもち方ではないでしょうか。

第3章でもお話しした通り、令和3年（2021）のはじめから翌年にかけて、手水舎や境内にある乃木神社、祖霊社の渡殿などが次々に壊れるなど、災難が重なり、資金面でも苦しい状況に陥ったことがありました。そのときは私も、「神様からの試されごと」と思って乗り越えました。何か災難に襲われたときにも、神様から与えられたものだからと受け入れることで、前を向くきっかけになります。また、これを乗り越えれば、神様のご加護があるはずだと自分を励ますこともできるでしょう。

何事も「神様のおかげ」

また、先代宮司だった父親が亡くなり、23歳の若さで当社を継ぐことになったときもそうでした。

まわりからは「かわいそうに」「たいへんだね」と不憫に思われましたが、私の気持ちは違いました。父親が早くに亡くなってしまったのは本当に悲しいことですが、だからといって私の人生が不幸なわけでありません。反対に、宮司になる人の多くが50代、60代になって経験するようなことを20代のうちに経験できますし、ふつうの20代なら接点がもてないような立場の人と会えるチャンスがあるのだから、ラッキーだと思えたのです。

もちろんはじめからそういう心持ちになれたわけではありません。「自分に何ができるのか」「自分に神社を守れるのか」と不安に押し潰されそうになったこともありました。それでも、何事も神様が与えてくれたものだと思えば、「神様のおかげで貴重なチャンスをいただけたのだ」と気持ちを切り替えられたのです。

それでも、いざ宮司として仕事をするようになれば、うまくいかないこともたくさんあります。お話しした通り、職員が全員辞めてしまうなど、失敗もたくさんしました。ただそこで投げ出さずに済んだのは、そこでも「欠点のある自分」をありのまま受け入れ、自分にできないことがあることを認められたからだと思います。どんなときも、神様の与えてくれた環境・状況のなかで、精一杯頑張ることが大切なのです。

過ぎ去った過去は変えられませんが、未来は新しく築くことができます。それならば、起こってしまったことに執着するのではなく、これから先、何をすべきかを考え、行動しなければならないでしょう。

困難な出来事が起こった瞬間は後ろ向きな気持ちになったとしても、気持ちを切り替える方法を知っていれば大丈夫です。ある意味、神様のせいにして、あるがままの今を受け入れれば、新たな気持ちで前に進んでいけます。

> 人智の及ばない自然をコントロールできないように、人生で起こりうることもコントロールできない。けれども、なるようになるための準備として、1日1日をいかに大切に過ごし、あらゆる御神恩に気づく心の目を常にもつことが大事。

神様と対話する

神社の本殿の奥、神様の前には必ずといっていいほど、丸い鏡が置かれています。なかには鏡を御神体としてお祀りしている神社もあるのですが、それ以外の神社にも鏡が置かれているのはなぜなのでしょうか。

その理由は諸説ありますが、「神様の姿を見るためのもの」、「神様と向き合う参拝者の心をありのまま映し出す」という意味があると言われています。

神社は「お願いごとをしに行くところ」というイメージが強いですが、自分の心が曇って見えなくなっているときこそ、神社へ足を運んでほしいのです。

神様にもやもやを吐き出せば心が清浄に戻る

たとえば、仕事や人間関係がうまくいっていないとき、これからどうすればいいか迷っているときなど、心にもやもやを抱えているときには、神様に手を合わせて対話をしてください。声に出しても、出さなくても、自分の置かれている状況や考えていることを言葉にして神様に話してみるのです。

神社で神前に立ったとき、そこには神様とあなたしかいません。他の情報はシャットアウトされている状態です。そこでは鏡の中の自分の心といやでも向き合うことになります。

神様と対話することによって徐々に心は整理されていき、神様の鏡に映し出された偽らざる自分の心が見えてくるでしょう。

「日本人は人に相談することが苦手」と言われます。「人に自分の悩みを知られたくない」「自分の内面をさらけ出すのが恥ずかしい」という人が多いのでしょう。そのため、匿名でSNSに悩みや愚痴を吐き出す人も多くいます。ただ、最近はちょっとしたことで炎上したり、身元がバレたりするリスクもあり、そこでも本音が言いづらくなっていると感じます。

それならば、神様に頼ってみてはいかがでしょうか。もやもやを言葉にして吐き出すだけでも、ネガティブな感情を手放せます。すると、清々しい新鮮な気持ちも生まれてくるでしょう。神様との対話は深呼吸のような役割も果たしてくれます。

おみくじで神意を問う

悩んでいることに対して、神様からの返事が欲しいときには、先述した通り、おみくじを引く方法があります。おみくじは「大吉」「凶」といった運勢の部分だけを気にしがちですが、本来は、その近くに書かれている和歌や神様のお言葉が一番大事なところです。そこからは今後あなたがどうすればよいか、ご神意が読み取れます。

普段から神様と対話をしていれば、あなたの本心を一番よくご存じなのは神様です。あなたが納得のいくベストな決断ができるよう、ありがたいメッセージをくれるでしょう。

重要なのは、神様の対話やおみくじから見えてきた答えを咀嚼し、今悩んでいることは、自分の行動次第で未来への投資となるんだとポジティブに受け取ることです。神道は教義や経典がなく、祭祀という行動で常に示されるように、理屈ではなく、感じるもの、実践するものです。ですから、後はひたすらにその答えに向かって歩んでいくことが、あなたの人生をよい方向に進める道です。

> 神様と対話するということは自分の心を見つめ直すこと。偽ることの出来ない自分を、神様を通して知ることができる心の深呼吸。

第7章

未来の神社

個人からコミュニティー、自然資本へ回帰する

神道が経済を潤す

私は宮司として「神社という存在が、地域社会、日本社会に貢献できることは何か」、神社の可能性を常に考え続けてきました。そのひとつの答えとして、私が今後、取り組んでいきたいことが、「神社を自然と一体化できる場所にする」ということです。

それと同時に、より祭祀の厳修や神道本来の営みも、より強く体現したいと思うようになりました。神職として神道を追求し、一経営者として経営にも取り組む。この二足は一見、別々の取り組みのように思えます。しかし、思慮すればするほど、私が今後、取り組んでいきたいことは、「神道と経済の二面を共生させて豊かな社会を築く」という使命にたどり着くのです。

大学時代、神道の勉強はおざなりで好きなことばかりしていました。そのような日々のなかで、神職資格を習得する学生の必修であった伊勢の神宮実習が、私にとっては神職を初めて強く意識した瞬間でした。

実習では夜間参拝、また、一般の神社でいう日供祭にあたる非公開の日別《ひごと》朝夕《あさゆう》大御饌祭《おおみけさい》を拝見する時間がありました。そのときに、白衣袴を着装して列をなして誰も参拝者がいない境内に、砂利を踏む音と自分たちの呼吸だけが聞こえる音の中、見上げれば満点の星空、川の流れる音、木々のざわめき、夜にあふれる生命の鼓動、そして1500年にわたって続けられてきた神事を一糸乱れず淡々と奉仕している姿。それを体感したときに、「神様の存在」を強く実感し、初めて自分が将来なるであろう「神職の仕事」を認識できた体験がありました。今振り返ると、あのとき感じたことは、なんの説明もその場であったわけではなく、ただただ、五感で感じるだけでしたが、「神道」を知るには十分すぎる体験でした。その後も折に触れて神宮へ参拝する機会がありましたが、参拝をするたびに神宮の圧倒的な「神道観」を感じることが増していきました。それは、年間1500回近くある神事を連綿と変わることなく、実直にひたむきにひたすら斎行しているすごさ。しかもそのほとんどが一般の参列者を有さない、ただただ神様へと向き合う奉仕。そのお供え物はもちろん、建築にいたるまで、多くが自給自足で神事が成り立っているのです。

それでも、日本人であれば神宮を参拝すると、悠久の「日本の歴史」を感じ、絶対的な「神道」を感じて誰もが自然と頭が垂れる。

この圧倒的な神道の王道であることを体現している姿に少しでも近づきたい、近づくことがこれからの神社に大事なことだと日々感じて挑戦しています。

そして、その圧倒的な宗教部分によって普段はもとより、20年に一度の式年遷宮では地元の経済効果だけで平成25年（2013）には2416億円と言われ、社会が潤うだけでなく、全国に呼びかける奉賛の機運によって、田舎の神社にいたるまでカンフル剤のように記念事業などが行われ活性化が図られています。

さらには、国宝級の技術が必要なご神宝も式年で製作することで日本の尊い伝統技術の継承にも大きく寄与しています。

そうした在り方に、神道の信仰には、とてつもない経済を潤す大きな力があるのだと気づくことができました。その二面性をどう神社で行うことができるのかということが、未来へつなぐ大事な考え方になってくる気がしています。まだ実行にまでいたっていませんが、そうしたことを実現するために、これからの廣田神社の未来をどう構想しているのかということを少し紹介したいと思います。

神社の宿泊施設で感性を磨こう

私が今後取り組みたいと考えているのが、「斎館」の創設とその一般利用です。

斎館とは、お祭りを行う前に神職が心身を清めるためにこもる建物のことです。この斎館を「宿坊」のようにして、一般の方に寝泊まりしてもらい、感性を研ぎ澄ます場にできないかと考えています。

ご存じの方も多いと思いますが、宿坊は寺院や神社などにある宿泊する施設で、僧侶や参拝者のほか、一般の人も寝泊まりできます。ただ、もともとは僧侶のみが宿泊する施設だったため、お寺が運営しているものがほとんどで、神社の宿坊はめずらしいのです。

私は、斎館を利用して神社にも宿泊できる施設をつくり、日常生活から離れて自然や神様とつながる場所にしたいと考えています。数日～1週間ほど宿泊していただく間は、日の出とともに起きて日が暮れる頃に休むという、自然に合わせた生活リズムで体を整えてもらいます。そして日中は、ご祈祷を行ったり、鎮守の森でゆったりしたり、できるだけデジタルデバイスや、テレビなどから離れて過ごすのです。

そうやって、自然と調和し、デジタルデトックスすることで、もともと私たちがもっているはずの「第六感」を呼び起こすことができるのではないかと考えています。

このほか、普段の生活でも、鎮守の森で過ごす時間をつくってもらいたいという願望もあります。神社は全国に約8万社、コンビニよりも多く、あちこちにありますから、「ちょっと疲れたな」と思ったときに、鎮守の森の自然のなかでリフレッシュする習慣を身につけてほしいのです。

そのために、ただお参りするだけではなく、以下のようなことをしてもらいたいのです。

当社では境内に鎮座する5社をすべてお参りする五社参りというのが正式なお参りですが、より境内の整備を進めて、小さい境内ながらも周回する時間を長くすることで体を動かし、自然の気を体に取り込んで呼吸することで息を整えられる参拝にする計画も立てています。他には毎月1日に月次祭という祭事を行っていますが、月次祭に参列した後に直会として、月ごとの季節を感じ、命を育む食を季節（＝自然）から体に取り込むことによって、八百万の神々からの恩恵を体感して体の中からリセットしてもらうことも考えています。

また、寺院では写経というものがありますが、神社でも祝詞を書く、浄書や写詞といって、文字を書くことで心を落ち着かせて祓う体験がありますので、そうしたこともイベント的にやるのではなく、日常のなかで気軽にふらっとできる体制を整えたいと思っています。

自然と共存するために

自然の一部という感覚を取り戻すことは、自然と共存するために欠かせません。

近年、「自然災害が増えている」「被害が大きくなっている」と言われます。その要因はさまざまあるでしょうが、地球温暖化が大きく関与していると考えられます。地球温暖化の主な原因は、石炭や石油などの化石燃料を利用したときに生み出される温室効果ガスの増加と言われています。つまり、人間のさまざまな活動によって自然のバランスが崩れた結果、災害の被害を拡大していると考えられるのです。

人類の長い歴史のなか、自然とうまく共存してきた人間が、短期間で気候が変わるほど自然を壊してしまったのはなぜでしょう。私は、自然の一部である感覚が鈍っていることが原因のひとつだと考えています。

私たちが生きていくには、自然との共存が必要不可欠なのですから、自然の恐ろしさを理解し、感知する力を取り戻す必要があるでしょう。現代人には自然を感じ、感性を磨く時間が必要なのです。

俗から暫し離れることで、人間も八百万の神様である自然の一部であるという、失いつつある感覚を奮い呼び戻す。そうすることで、自然の豊かで強い力を再認識するだけではなく、人間が積み重ねてきた叡知に対しても正しい見方を養うことができる。

自分を取り戻し、心を整える

神道では「中今を懸命に生きること」を大切にしていることはすでにお話ししました。過去から未来へと続く時間の流れのなかの中心点が「中今」。その一瞬に集中して、全力を尽くすべきというのが、神道の根本的な考え方のひとつです。

そして、神道の「中今」と通じるものがあると思うのが、「マインドフルネス」です。マインドフルネスとは、瞑想方法のひとつで、先入観や思い込みを手放し、ストレスを軽減したり、集中力を高めたりする効果があると言われています。その方法が、呼吸や手の感触など感覚に意識を向けて、「今ここ」に集中することなのです。

元々は仏教に由来するマインドフルネスの基礎となるものが開発されたのは1970年代ですが、その後、2000年代にグーグルが独自のマインドフルネス・プログラムを開発して研修法として採用します。それをきっかけに国内外の有名企業で導入され、話題となったことで広く知られるようになりました。

神社の中でマインドフルネスの施設をつくる

社会的に広く認知されているマインドフルネスを、神道の理念と組み合わせて何かできるかもしれないと、おぼろげながら考えているとき、たまたま見つけたのがパナソニックの「(MU) ROOM」でした。これは宿泊事業者向けに開発されたマインドフルネス用の設備です。何ものがない四畳半程度の「無」の部屋で、超微細なミストや照明、音楽、アロマなどを連携させて、瞑想状態に誘導する仕組みになっています。

どんなものなのか、興味を惹かれてさっそく、パナソニックセンター東京(令和6年(2024)12月で閉館)で最先端技術をご紹介いただき、「(MU) ROOM」を体験しました。30分ほどのデモでしたが、想像していたよりも人工的な雰囲気に違和感がなく、一回で効果が得られるというよりも、自分に合ったプログラムを蓄積させて継続させていくことで、数時間かけなくても、少ない時間で心身をリセットしやすくなる仕掛けになる可能性を感じました。

一度の体験でしたが、肩のこわばりが少し取れ、呼吸が深くなることで心の落ち着きを感じるようでした。

仕事に出勤する時間をいつもより早くして30分体感してから出勤する。大事なプレゼンや大会などの数日前から連続して体験することで伝えたい本質が浮かび上がったり、動悸を落ち着かせ本領を発揮しやすい状況をつくり出していけるのではないかと感じました。

この体験から、神社にもこのようなマインドフルネスを体験できる空間をつくりたいと考えるようになったのです。

神社はそもそも、マインドフルネスに適した場所だと思います。静かな鎮守の森のなかで自然を五感で感じられますし、お参りする間は神様に意識を集中することができ、「中今」に集中しやすいからです。

そこにAIなどの新しい技術を導入し、マインドフルネス専用の空間をつくりたいというのが私の計画です。そこでは、砂利を踏む音や神楽の音色、木漏れ日、風の音や感触、鳥の声、雨の音、木々や花の香りなど、神社や鎮守の森から抽出した光、音、におい、感触などで五感を刺激して、リラックスできる環境をつくります。さらに、AIを使えば、その人の心理状態や好みに合わせてもっともリラックスできる環境をオーダーメイドで提供できるのではないかと考えています。

現時点ではまだ、私の頭の中にある構想でしかありませんが、実現に向けてぜひ、チャレンジしていきたいです。まずは、境内の一角に自然の音だけではなく、独自のアロマや音楽、また空間づくりをした、心身を清め祓う新しい禊場《みそぎば》をつくれないかと思っています。

神社を今の自分を見つめ直す場所に

現代は情報過多な時代です。求めなくてもさまざまなところから、大量の情報が流れ込んできます。そのため、自分を見失う人が多いように思います。

たとえば、いわゆる成功者たちの「こうすれば儲かる」「こうすれば運がよくなる」といった情報ばかりを追いかけて、地に足のついた努力を忘れる人がいます。また、ＳＮＳで「いいね」がたくさんもらえるかが価値基準になってしまい、自分が本当は何が好きなのか、何がしたいのかがわからなくなっている人も多いでしょう。

情報に振り回されたり、他人の価値観に合わせたりしていたら、夢や目標は見えてきません。未来を思い描く前に、まず「今の自分」を知る必要があるでしょう。過去があって今があり、今が未来をつくります。だから今を一生懸命生きることが大切なのです。

神社という身近な場所に、今の自分を見つめ直す場所がつくれたら、多くの人の人生をよりよくできるのではないかと考えています。

自然の神々が織りなす大いなる力と、人間が積み重ねてきた叡知を融合させることで、栄枯に媚びない今を生きる自己を見つめ、心を整える大事な時間をつくり出す。

妊娠・出産・育児、命を紡ぐ神社

「命が何よりも大切」ということは当然、誰もが理解しているでしょう。命の尊さは普遍です。「命あっての物種《ものだね》」ということわざもある通り、命はすべての物事のもととなるもの。この世界のすべてをつくっているのは命であり、命を大切にしなければ、幸せな家族も、平和な社会もつくれません。

その一方で、日本の出生率は低下の一途を辿っています。令和5年（2023）の合計特殊出生率は過去最低を更新する1・20となり、出産数は概数で72・7万人でした。

子どもを産む女性がこれだけ少なくなっている理由はひとつではないでしょうが、そもそも日本が「産みやすく育てやすい社会ではない」と言えるのではないでしょうか。生まれてくる命は尊いとわかっているのに、命を大切にする仕組みや制度が十分整っていないのです。

神社に産後の女性を癒やすホテルを

その点、神社は命を守るための場所として、ふさわしいところだと思います。神社は人々の人生に寄り添う場所だからです。

命が誕生する前の安産祈願に始まり、子どもの成長を祈る初宮詣や七五三のほか、大人になってからも人生の節目を祝う儀式を大切に執り行っています。こういった人生儀礼は、命の確認の儀式でもあるのです。多くの命を見守ってきた神社だからこそ、妊娠・出産・育児をサポートする場所という役割も担っていきたいという思いがあります。

また古代から、命が生み出されるのは神様の「産霊」の力によるものと考えられてきました。その神様の力が満ち溢れた神社が、もっと積極的に命を育む役割を担っていくべきだと思うのです。

具体的に考えているのが、境内に産後ケアホテルをつくり、開業することです。

産後ケアホテルとは、その名の通り、出産後の女性の身体的、心理的ケアを目的とした宿泊施設です。長時間の陣痛や出産の際に負う体の傷など、出産は母親の体に大きな疲労とダメージを与えます。「産後のダメージは全治2カ月の交通事故と同じくらいだ」と言われるほどです。また、産後は女性ホルモンの分泌量が一気に減少しますし、出産後すぐに始まる子育てに対するストレスも大きく、精神的にも不安定になります。産後ケアは、出産後の女性に必ず必要なことなのです。

現代は、核家族化や晩婚化で両親などの家族に頼れない人も多く、出産後のケアはもちろん、休息さえ十分にとれない人も多く、産後ケアホテルの需要はますます高まっています。ところが、産後ケアを専門に行うホテルはまだ少なく、費用も高額なため、利用している女性はごくわずかです。

そこで、神社がその役割を担えないかというのが私のアイデアです。神社の境内に産後ケアホテルがあれば、鎮守の森を散歩してリラックスできる時間がつくれますし、毎日、神社にお参りし、神様と対話して心を整えることもできます。そうやって体力が回復し、心の余裕ができれば、子どもへより深い愛情を注げるでしょう。

不妊治療のケアを神社で

さらに、不妊治療を受ける夫婦のケアを行うことも考えています。

少子化対策のひとつとして、日本では令和4年（2022）、基本的な不妊治療が保険適用となりました。その影響もあってか不妊治療の件数が増え、不妊の検査・治療の経験がある夫婦は22・7％で、約4・4組に1組にのぼります。また、不妊治療で生まれた子どもの出生数は全体の約1割にもなるそうです。

実は、私たち夫婦も妊活によって子どもを授かることができました。結婚当初は、子どもはしばらく自然にまかせようと思っていたのですが、遠距離結婚で一緒に過ごす時間が少ないこともあり、すぐには子どもを授かれませんでした。「子どもを望むのであれば、早めに医師に相談したほうがいいのではないか」という妻の希望もあり、いわゆる妊活をしました。

妊活をして思うのは、命の誕生は奇跡の連続の末にあるということです。治療を受けたからといってうまくいかないことも多く、体への負担はもちろん、精神的負担も大きくのしかかってきます。そんななかで、夫婦仲に亀裂が入るケースもよく耳にします。

そこで考えたのが、神社が夫婦の対話の場所となり、不妊治療の心労を和らげたいということ。カウンセリングルームで話し合うよりも、神様の前のほうが、お互いが穏やかに本音を伝え合えるのではないかと思います。神職は「なかとりもち」として、神様と人だけではなく、夫と妻の間をつなぐ役割を担い、最終的にご夫婦が前向きな気持ちになれるようサポートしていきます。

誤解してほしくないのが、「すべての人が子どもを産むべき」「子どもがいれば幸せ」と言いたいのではありません。自分の子どもであってもそうでなくても、生まれてくる命を大切にできる環境づくりが、成熟した豊かな社会につながると考えているのです。そのために、神社ができることを考え、実行していくつもりです。

家族や社会の在り方が変容しているからこそ、神様から授かった産霊の力を以て、いのちを紡ぐ場所と時間をつくることが子孫繁栄、地域や国の隆昌の基となる。

神社が担う、新しい「道」の学び舎

パリオリンピック柔道男子の阿部一二三選手の振る舞いが、「武士道精神を感じる」「礼儀正しい」と話題になったのを覚えているでしょうか。66キロ級の決勝戦、技あり2つの合わせ一本勝ちで勝利し、オリンピック連覇を果たした阿部選手ですが、試合直後は顔を少しほころばせたのみ。試合終了後の礼が終わるまでは、ガッツポーズなどの派手な喜び方は見せませんでした。また、畳から降りるときには正座をし、深々と一礼。最後まで礼を尽くす阿部選手の姿に、世界中の観客が感動したのではないでしょうか。

柔道などの武道のほかにも、日本には茶道や華道、書道、そして神道など、「〇〇道」という伝統文化が多くあります。その共通点は、他人に対して敬意をもち、礼を尽くすところでしょう。

他人を敬う精神を学ぶ

世界に目を向けると、さまざまな国や地域で紛争が起こっています。だからこそ私たちは、今、他人を敬う「道の精神」を学び、教養として身につける必要があると感じています。誰もが相手を尊敬する気持ちをもっていれば、一方的に相手を否定したり、攻撃したりはできないからです。また、多様性の時代だからこそ、すべての人の個性を尊重し、受け入れるためにも道の精神が必要でしょう。

その「道の精神」を学ぶ場という役割を、神社が担っていきたいと私は考えています。神道だけではなく、そのほかのさまざまな「〇〇道」を学べる「寺子屋」のような場にしたいです。いろいろな「〇〇道」を複合的に学ぶことで、道の精神の理解をより深く理解できると思います。

私は学生時代から今まで、空手道、書道、茶道など、複数の「〇〇道」を学んできました。そのなかで、理屈よりもまずは型通りにやってみることが大切であることや、基本となる型があるからこそ個性が生み出せることなどがわかりました。複合的に学んでいくことで、「型」の重要性がより実感として理解できるようになるのです。

また反対に、同じ「道」であっても、考え方や大切にしていることが少しずつ違っていることもわかるので、それぞれの魅力がよりわかるようになるというメリットもあるでしょう。

経験を積み重ねることが大切

さまざまな「道」を学ぶ際に重要なのは、経験することです。知識として頭だけで理解しようとしても、本当の意味での習得はできません。

先ほどお話しした「型」も、何度も実践して体に覚えさせることで、意識しなくてもできるようになります。そうなって初めて、「型」の意味が理解できるようになりますし、その道をきわめられるのです。

たとえば、茶道の場合は、お茶を点てるのに細かい所作があり、覚えることがたくさんあるのですが、ただ記憶すればいいというわけではありません。覚えただけでは、手順通りに行うことばかりを意識してしまい、お客様をおもてなしする気持ちがおろそかになります。何度も繰り返し実践するうちに、作法よりもお客様へ意識を向けられるようになり、心を込めてお茶が点てられるようになるのです。

相手への敬意や礼儀といった「道」の精神を理解し、身につけるには経験を積み重ねていくことが大切です。神社の寺子屋では、生徒さんたちに継続的に通ってもらい、経験を積み重ねながら学んでほしいと考えています。

そして寺子屋が、地域に住む人たちがさまざまなことを相談し、語り合えるような地域のコミュニティーとしての役割も担っていきたいです。まずは神社が中心となって、地域の「和」をつくっていけたらと考えています。

> 日本の伝統文化である「道」は、物事の本質を捉えて極める縦軸であり、その真理はどの「道」にも通じる横軸である。知識と経験の交差によって知性が生まれ、それを実践することで教養が発揮される。神社はその交わりの交差点を担うことができる場である。

「今の祈り」を祭りにする神社

廣田神社は神社ではめずらしく、1000年以上の歴史のなかで4～5回、場所が変わっています。天災などがきっかけで移転を余儀なくされ、そのまま衰退しかけたこともありました。けれども、そのたびに地域の人々の支援で復活してきたのです。それは当社が人々の祈りに寄り添い続けてきたからだと思います。逆に言えば、そこに住む人たちが日常的に、神様に祈りを捧げてきたから神社は守られてきたのです。

これは地域のお祭りも同じでしょう。

これまでお話ししてきた内容と重なりますが、お祭りはお神輿や山車、神楽などを出し物として楽しむための行事ではありません。本来は神様に祈りを捧げるための儀式です。毎年の豊作や大漁を祈るためのお祭りのほか、天災や流行り病がきっかけで始まり、「鎮魂」「疫病退散」「災厄除去」といった祈りを捧げるお祭りも多くあります。

人々の祈りが形になったものがお祭りです。人々の祈りが続く限り、お祭りは継承されていきます。

今を生きる人の祈りを形に

お祭りが人々の祈りを形にしたものならば、現代の人の祈りが反映されるべきだと私は考えています。その結果、神様へどのように祈りを捧げるのか、お祭りの形が変わることもあるでしょう。たとえば、御神輿に付随する山車を現代の感性に合わせて創作したり、従来の山車とは異なる飾りつけをしたり、新しい神楽を制作して神様へ捧げたりなどです。

廣田神社では時代ごとの幾多の困難によりなくなってしまったお祭りを現代版に復興させる、「廣田神社と一緒に未来へとつながる『祭り』をつくるプロジェクト（仮）」を立ち上げる準備をしていますが、このなかでは他の地域にあるよき祭りの風景を再現するだけではなく、よりそれが人々にとって他人ごとではない自分たちのお祭りになることを目指していろいろと考えています。

まだまだ構想段階ですが、たとえば古い時代には、ねぶた祭りを迎えるときに金魚ねぶたを家の軒先に吊るす風習があったように、御神輿が通る家々に吊るして神様の道をみんなでつくったり、神社の中でマルシェを開くことが全国で流行っていますが、境内ではなく、御神幸のルート地域全体を広場と考え、沿道や軒先に出店してもらい、祭りを盛り上げたりなど、構想を練っています。お祭りへの参加方法、かかわり方のパターンを増やすことで、自分にできる取り組み方が見つかり、他人ごとではない自分たちのお祭りになることを目指します。祭りの生み出す景色が変われば、参加する人々にとって、より身近な行事となり、地域一帯で盛り上げていく気風が生まれ、確かな祈りが生まれてくると考えています。

これは高校の文化祭を想像するとわかりやすいと思います。高校の歴史とともに文化祭は毎年続いていきますが、その中身は時代によって大きく変わっていきます。私が高校生だった頃はバンドブームでしたので、生徒によるバンドのライブが大いに盛り上がりました。近年は世界的なダンスブームのなか、小学校でもダンスの授業が始まったり、パリオリンピックでブレイキンが正式種目になったりしているので、多くの高校でダンスのステージが人気だと聞きます。

学校行事としての文化祭は継承されますが、表現したいものや表現方法はその時代の流行や生徒のアイデアなどで変わっていくものです。だからこそ、多くの生徒が自主的に取り組み、熱狂するのでしょう。

神社の祭りも「人々の祈りを捧げる儀式」という本質を守る必要はありますが、そこで何を祈るのかは、時代によって変化してもよいですし、変化するのが自然なのではないでしょうか。それが結果的に、お祭りを後世に残すことにもつながるはずです。時代に合わなければ注目されなくなり、忘れ去られてしまうからです。お祭りなどの伝統文化を守るためには、「昔のまま」に固執するより、ときには、時代に即してバージョンアップしていくことも大切なのでしょう。

宮司として、「祭り」を常に問い直す

そのためには、形としてお祭りをただ続けていくのではなく、その本質を毎年、問い直していく必要があると私は考えています。今、私たちが神様に祈りたいことは何か、地域のみなさんで考える場をつくっていきたいです。

たとえば、人口流出が問題になっている地方にとっては「地域の繁栄」が、今を生きる人々の願いなのかもしれません。それならば、「地域の繁栄を祈るお祭りってどんなお祭りなのか」を考え、形にしていくのが理想です。

また、お祭りの運営についても、従来の階級的な組織ではなく、地域の人たちそれぞれが自分の得意な役割を担当し、協力してひとつの祭りをつくり上げるような仕組みをつくっていきたいです。できるだけ多くの地域の人たちに協力してもらい、これもまた文化祭のように、祭りを「見学するもの」ではなく、「参加するもの」にできればと思っています。具体的な動きとしては、まずは、地域とのつながりが深く、同じ志をもつ方々とチームをつくります。持続可能な組織を目指し、ネーミングやコンセプトなどを共に考えていきます。そこから老若男女、どんな参加方法があるのかを考え、地域に根差した声がけや広報を通して周知、参加を促していきます。

そうして協賛、協力、後援などを募っていき実現させていきます。

神社の祭りとは神様への感謝を伝え、人々の幸せを祈る神事です。同じ祈るや願いを込めて祭

りを執り行うことで、地域の人々の連携が生まれ、子どもからお年寄りまで、世代を超えたコミュニケーションが育まれてきました。

そして力を合わせて続けていくことで伝統文化となり、継承していくことで歴史として紡がれていきます。

身近な人々の幸せや無病息災を祈ることが、ひいてはまちの繁栄へとつながっていく祭りを執り行うことで、未来を一緒に考えていける地域コミュニティーづくりを考えています。

遠い未来を思うからこそ、今の子どもたちの子ども世代へとつないでいきたいお祭りを創造し、守り受け継ぐだけではない、更新性をもったお祭りの形をつくっていきたいと思っています。

神社は数々の困難に立ち向かう人々のそばにいて、共に心を痛め、共に乗り越え、共に支え合う場所。その祈りの形を常に時代の鏡として神様に手を合わせる営みが、本当に必要な「まつり」となっていく。

⛩ 自給自足経済を産む神社

私たち人間は、自然からたくさんのものをいただいて命をつなぎ、生活してきました。それは現代でも変わらない普遍的な事実で、食べ物にしても、エネルギーにしても、私たちは自然が与えてくれるものがなければ生きていけません。にもかかわらず、人は自然からいただくばかりで、極端に言えば、自然を破壊するような行為を続けています。

近年は、「ＳＤＧｓ」が国連で採択され、環境問題の解決に向けた議論も活発になっていますが、具体的な取り組みはまだまだ足りない状況と言わざるを得ません。

伊勢の神宮が続けてきた自給自足の取り組み

古代から人々が大切に守り、共存してきた自然を未来へと受け渡していくために、今できることは何か、真剣に考えなければならないときがきています。自然の神様を祀る神社こそ、その先頭に立つべきでしょう。

そのお手本となるのが伊勢の神宮の取り組みです。

伊勢の神宮では、毎日、朝と夕に神様に御飯、御水、御塩、魚や野菜などを奉り、「国安かれ、民安かれ」という祈りと感謝を捧げる「日別朝夕大御食祭」というお祭りを行っています。このお供えされる食材ですが、実はすべて神宮が運営・管理する御料地でつくられています。

御料地とは神々へのお供え物（御料）を調達する場所や施設のことです。お米を栽培する神宮神田、季節に応じた野菜を栽培する神宮御園、御塩をつくる御塩浜・御塩殿があります。

このほか、神様にお供えする反物は神宮が管理する神社で機織り機で織られていますし、干しあわびや干鯛、お祭りで使われる土器なども専用の場所でつくられています。

また、第2章でもお話しした通り、20年に1度、すべての社殿を造り替える「式年遷宮」で使われる木材も専用の森で育てられたものです。木材を使用しながら、同時に植樹し、森を守っています。

萱葺き屋根に使う萱《すすき》も同様で、神宮が管理する萱山で育成したものを使っています。

伊勢の神宮は、神様に供えるもの、神様のお住まいを建て替えるものなど、神社を維持するのに必要な物資をほぼ自給自足しているのです。

自然資本をつくり出しながら、経済を回す

当社も神宮にならって、自然資本を守るだけでなく、新たにつくり出す活動をしていきたいと考えています。

具体的には、衣食住におけるＳＤＧｓの実現を目指しています。

「衣」については、エシカルファッションのブランドの立ち上げを考えています。エシカルとは「倫理的な、道徳的な」という意味で、自然環境の破壊や労働力の搾取をせず、製造・販売するのがエシカルファッションです。

私が取り扱いたいのは、綿や麻、シルクといった自然素材を使った衣類。自分たちが栽培したり、飼育したりしてつくった自然素材を使い、衣類をつくって販売したいと思っています。

「食」については、神様へのお供え物でもあるお米、酒、塩づくりから、販売まで手がけていきたいです。

たとえば、昨今クラフトビールやクラフトコーラなど、小規模で手づくりされた「クラフト食品」が流行していますが、神社発のクラフト食品としてまずは、お酒づくりに挑戦するつもりです。まずはOEMを利用して、神様にお供えしたお酒を蒸留してつくったクラフトジンをつくろうとしています。

また、青森という地域にあった新しい品種を開発し、ブランド米として育てたいという夢もあります。そこから、また、お酒を一からつくってみたいです。

「住」については、現代の建築技術と神社建築にも使われる伝統的な技術を融合させた工法を確立するのが目標です。古民家などをみていただいてもわかる通り、木材を大切に使い切り、さらに長持ちさせる技術があります。その技術を一般の住宅にも生かしたいのです。まだまだ、私のアイデアの段階ですが、これからぜひ挑戦していきたい分野です。

以上で述べた通り、自然資本を守るだけではなく、自然資本を利用し、経済活動として成り立たせることも大切だと考えています。得た資金は、さらに神様のため、自然のため、そして社会貢献のために利用できます。そして、自然から分けていただいたものを再び自然に返して行くという循環型社会の構築につなげていきたいです。

神道は日常の間にある信仰。その日常のあらゆる営みは神々が産む自然の恵みを頒けていただいたもの。その恵みを大いに享受し、豊かな衣食住を育んだ経済の先に、再び返すという連続性が循環型の社会をつくる。

自然と社会と人とをつなぐ神道

神道はもともと、日本人の生活のなかから自然発生的に生まれた宗教です。開祖がいないので、言語化された教えもありません。「こういうふうに生きなさい」「こういう世界をつくりなさい」と神様から導きはあっても命令されることはないのです。

最初にそこにあるのは、私たちの祈りです。「豊作になりますように」「災害が早くおさまりますように」など、自分たちの生活が少しでも豊かになるように、自然の神様に祈りを捧げてきました。人々が理想とする幸せがあり、その実現のために力を授けてくれたり、心の支えになってくれたりするのが神道なのです。

神道が理想とする暮らしや社会は、それぞれの心のなかにあるといえるのかもしれません。

一人ひとりの生きやすさを支える神社

ただし、人は一人では生きられません。すべての人が、家族や会社、そして社会というコミュニティーのなかで生きていきます。まわりの人たちを無視して、自分だけの幸せを探求するのは不可能ですし、できたとしても人とのつながりを失うことになり、結果として幸せにはなれないでしょう。

私たちは自分以外のさまざまな人とかかわり合いながら、自分たちなりの幸せを築いていくものなのです。そこで大事にしなければならないのは「和を以って貴しと為す」の精神だと、私は考えます。

神道には「八百万の神様」と言われる多種多様な神様がいます。『古事記』や『日本書紀』に書かれたエピソードを読むと、その多様な神様がかかわり合い、力を合わせることで、日本の国や万物の根源がつくられ、そこに人々の営みが生まれたことがわかります。

私たちの社会も多様な人たちがそれぞれの役割を全うすることで成り立っています。社会をうまく回していくには、お互いを認め合って、尊重し合うことが大切でしょう。奪い合うのではなく、分け合う気持ちが、平和で豊かな世の中をつくります

ただ一方で、社会のなかで「自分は一人だ」と疎外感を感じたり、人とうまくかかわれなくて疲弊していく人がいたりするのも事実でしょう。神社は、そういう人たちに寄り添う役目を果たしていかなければなりません。この章でお話しした斎館を利用したデジタルデトックスやマインドフルネスの取り組みをその一例として、一人ひとりの生きやすさをサポートしていきたいです。

命は神様からの授かりもの

私たちは自然のなかから生まれ、自然の恵みによって生かされています。前項でもお話ししたように、自然からいただいたものをまた自然に返していこうという意識が必要です。いただいたから、お返しする、そしてまた、ありがたくいただくというよい循環を生み出していきましょう。

これは自然に限ったことではありません。私たちの命も、何もかも神様から与えられたものです。そのいただいたものを大切にし、さらに、社会に貢献することで「お返し」していくことも大切でしょう。

第6章でもお話ししましたが、たとえば、子どもも神様からの授かりものですが、「子どもをつくる」という言葉があるように、父親、母親には「自分たちの子ども」という意識が強いかもしれません。そのため、自分たちが思う理想通りに育てようとしてしまうきらいがあります。けれども改めて、神様から授かったものだと思えばどうでしょう。子どもがその子らしく成長できるようにしたいと考えるはずです。そうやって神様から与えられた命を育てることも「お返しする」ということなのだと思います。

神様から与えていただいたものを享受し、感謝とともにお返しをして、さらにまた神様の力をいただくというよい循環をつくれるように、人と神様、人と自然をつなぐ場所としての神社を守っていくのが私の使命だと思っています。

自然＝八百万の神々、社会＝先人の祖霊、自分自身＝心に宿す真心。そのどれもが生きていくうえに不可欠なもの。そのかかわり合いこそがあらゆる幸せを紡ぎ出していく。

おわりに

平成21年(2009)、右も左も下も上も何もかもわからないまま、突然、宮司に就任することになったときは、まさかその15年後に本の出版をしているとは露とも思っていませんでした。

宮司として未熟なのはもちろんですが、そもそも勉強嫌いで、中学校の成績は下位。高校は部活と絵ばっかり描いて、大学時代には空手や学生広報サークル活動にのめり込む。ひとさまに読んでいただくような立派な人生も、高尚な人格もない自分ですが、宮司として奉仕をしていくなかで、少しずつ本の出版に興味をもつきっかけとなったのは、本屋さんの陳列棚に置かれる神道や神社の本の分類でした。

昔から唯一続いているといってよい趣味がマンガを読むこと。そのこともあり、活字は全くと言ってよいほど読みませんでしたが、本屋さんに行くのは学生時代からとても好きでした。それが宮司になってからは、神道のこと、神社のことを勉強するために足しげく本屋さんへ書籍を探しにいきました。すると、いつも決まってどの書店でも神社や神道の本の大半は、「歴史」や「旅行」のジャンルに置かれていることが多かったのです。

しかし、仏教などの他の宗教はそうしたジャンルにもあることはあるのですが、総じて「宗教」や「哲学」、「自己啓発」などに多く、歴史の一端としての存在ではなく、人としての生き方、心の拠り所を説くための本として認識されたジャンル分けがされていました。そこにはなぜか神道の本は極めて少なく、そのことに違和感を覚え続けたことが大きいかもしれません。
歴史や観光の棚に陳列されているということは、それだけ神社という存在が日本人にとって普遍的で公共的な場所であるという大きな信頼であると感じる一方、神道や神社は人々にとって心の拠り所になる場所になっていないのではないのか、という疑問を強くもつようになりました。

たしかに、歴史から見ると、個というよりは地域における共同体としての信仰の側面が強く、そもそも布教するという概念がないため仕方ないかもしれません。しかし、物凄い速さで地域の在り方や人々の価値観が変容している現代において、共同体としての同一した信仰の在り方は非常に難しくなってきました。

それでは、地域が衰退するとともに道連れ的になっていくのかというとそうではなく、むしろ、そのような現代だからこそ神道のもつ力、神社という存在の重要性がマッチングするのではと自分の成長と共に感じることが多くなってきました。

神道が大切にしている自然から派生した神々との祭り、社会における共生、先祖や家族の大切さ、そして人としての寛容な生き方にいたるまで、この15年間の喜怒哀楽の起伏に富んだ濃縮還元された日々のなかで、それらに救われてきたことが多かったからです。

本編でも少し触れていますが、私はどんな困難が起きても毎日神様に手を合わせて信じて行動していれば、必ずよい導きを神様からいただきました。

今ではどんな苦労がきてもそれは神様からのありがたい試練であると、使命を全うする思いは年々深く、強くなっています。

とくに就任当時、若造の宮司に対して、役員総代、氏子崇敬者から、県内外の神職さんをはじめ、多くの方々にはいつも心暖かく、ときには愛のある叱咤激励をいただき、社会で生きていく大切さ、そして還元していかなければならない世のため人のために奉仕する意味をたくさん教えていただきました。

また、宮司として奉仕をするたびに先代である父の宮司としての足跡が見え、直接何か教えをいただいたわけではないのですが、折に触れてその思いを感じることが前へと進む大きな心の支えになっていたのはいうまでもありません。さらに、その先の歴代宮司の姿、かかわる家族の苦労が身に染みるほど、この1000年守り紡いできたご先祖さまのご恩のかたじけなさで胸がいっぱいになる日々です。

そして何より家族、妻の支えや協力は言葉に尽くせない感謝しかありません。

宮司に就任したばかりの頃、私は何もかもがわからないのに恐ろしいほどの重圧によるプレッシャーでわれを忘れるほど取り乱し、生まれて初めて母を怒鳴りつけてしまったことがあります。きっと自身も夫を亡くし、誰よりも悲しみ、辛く苦しいはずなのに、それでも黙って私の言葉を聞いてただただ私のやることを全力で肯定し、弱音を吐くこともなく、寝る間も惜しんで協力してくれました。

宮司としての気概から空回りしてエゴになり、職員が全員辞めてしまい神社の運営が立ち行かなくなって絶望を感じていたときに助けてくれたのは姉でした。

きっと他にもやりたいこと、描いていた人生があったのかもしれませんが、それをなげうって人生をかけ、神職の資格を習得し、何も言わず私の思い描くままに文句ひとつ言わず、一緒に奉仕をしてくれました。何もわからない業種に加え、私の甘えで一切神職の仕事を教えることもなかったので、私以上に辛い日々だったと思います。

他の姉妹も別の仕事をしているにもかかわらず、折に触れて手伝ってくれたり、常に気にかけてくれたりして惜しまずに協力してくれました。

運命的なご縁で結婚した妻。宮司になって初めて同じ立場として同じ目線、同じ思いで共有、理解してくれる存在でした。それだけでどれだけ心が救われることが多かったか枚挙に暇がありません。そのようなこともあり、宮司就任以来初めてまともに眠りにつけるようになりました。自分も宮司として忙しく、辛いこともたくさんあったと思いますが、いつだってどんなときだって全力で私に向き合ってくれました。

妻の両親、兄弟には遠距離でありながら、結婚を快く認めてくださったばかりではなく、常に私たちの生活を公私ともにサポートしてくれていることは感謝に堪えません。今では本当の家族のように慕っています。

そしてこの出版が決まってから新たな命を授かりました。息子からは本当に色んなことを毎日学ばせてもらっています。元々子どもは大好きでしたが、こんなに愛しい存在が世の中にいるのかと自分に驚きます。妻のいる佐賀県にいるので一緒に住んではいませんが、それでも日ごとの成長を知るのと同時に、私の講話で話す言葉も心が宿るように変わり続けています。

家族には恥ずかしさや、甘えから口下手になって大事なことを伝えきれなかったり、やってくれたりするのは当たり前のような態度をとってしまうことが多いですが、心の中では一度たりとも感謝をしなかった日はありません。本当に家族に恵まれました。心からありがとうございます。

そうした環境にいられたのは、私だけではなく家族にとっても神様に抱かれるなかで暮らす、神道のかかわり深い生活の中から無意識に育まれたものが大きいように思います。

このように、いつだって私の心の拠り所になっていたのは神道、神社が教えてくれる大切なことばかりでした。

だからこそ、私は歴史や観光のジャンルだけではなく、広くたくさんの方と接点をもつ場所に陳列され、手に取って読んでいただくことを願っています。この本を読んでいるほんのわずかな時間だけでも心が安らぐ、前向きに生きてみようと思う、そんな本にできていたらうれしく思います。当初はもう少し経営的な話を考えていましたが、考えれば考えるほど、この不確定な時代に必要なのは、知識的なもの以上に、どう自分をコントロールして実現させていくマインドをもつか、ということだと感じました。ですから、結果、心のもち方について寄った話が多くなってしまったことは何卒ご了承ください。

それでも今回は「経営」というジャンルに「宮司」をかけ合わせるこれまで全く見たことのない切り口の本での初出版となりました。おそらく、神道、神社のジャンルでは初めてではないでしょうか。唯一無二の本が完成したと思っています。

これにはご縁をいただいた出版社のクロスメディア・パブリッシングのみなさんのアイデアや

アドバイスが大きく響きました。実際、現代の宮司の仕事というのは中小企業の社長さんとそのほとんどが何ら変わりはありません。ですから、私が神社の護持運営のために収入を何倍にも増やし、コロナ禍でも参拝者が右肩上がりに増え続け、さまざまな先進的な取り組みを成功させてきたのは、宮司という職を越えて他の業種やビジネスパーソンにも大きく通じる知見だと確信しています。

そのきっかけをつくってくださった、編集担当の末岡さん、営業の伊藤さん、ライターの小川さんほか、制作にかかわってくださった皆様には心から感謝申し上げます。

これまでがむしゃらに走り続けてきたなかで、自分を振り返る時間というのは皆無でしたが、今回の出版を通してこれまでの軌跡を振り返り、何を思い、何を考え、何に向かっていくのか。自分へのさまざまな問いを続ける内省作業は非常にしんどいものではありましたが、とてもよい時間となり、さらなるステップへとつながる大きな転機となりました。その間、廣田神社の神職をはじめとした職員には大きな負担を強いてしまいましたが、とても優秀な働きでサポートしてくれたので安心して向き合うことができました。改めて感謝申し上げます。

最後に、ここまで読んでくださった読者のみなさん、1000年後に神社を残していくために私が命を懸けて奉仕しているその想いに少しでも共感いただき、お住まいの近くの神社へお参りいただき、よいご神縁を結んでいただけたら幸いです。

世の中、そしてみなさんの未来が幸せで満ちる世界でありますようにお祈り申し上げます。感謝。弥栄。

田川伊吹

読者特典
「待ち受け開運お守り」

このたびは『宮司の経営』をお読みいただき、誠にありがとうございます。
以下のURL、QRコードからダウンロードできる、開運厄除の祈願をしたスマートフォン・携帯電話の待ち受け画像をご用意しております。
待ち受け画面にしていただき、健康第一、仕事の運気が益々上がりますよう、廣田大御神さまの御神徳を授かりください。

読者特典は下記URLよりダウンロードしてください。

https://hirotajinja.or.jp/event/guji_no_keiei_tokuten/
パスワード：061920

※読者特典は予告なく終了することがございます。

［著者略歴］
田川伊吹（たがわ・いぶき）
病厄除守護神 廣田神社 第17代宮司
昭和61年生まれ。國學院大學神道文化学部卒業後、寒川神社に奉職。その後、23歳にして全国最年少で廣田神社（青森県青森市）宮司に就任し、神職としての改革を積極的に推進。就任後、数百年ぶりに御神輿渡御の神幸祭を復活させ、節分祭を県内最大規模に再興するなど、地域文化と伝統の継承に尽力。また、天皇皇后両陛下のパラオ共和国慰霊訪問時には奉迎手旗入魂祭を斎行し、パラオ戦没者慰霊祭を神仏合同で執り行うなど、国際的な神職活動でも注目を集める。SNSを活用し、全国初のInstagram神社コラボライブ配信を企画実施するなど、伝統と現代技術を融合させた活動を展開。また、クラウドファンディングを積極的に導入し、累計1,000万円以上の支援を集め、八甲田山神社の祠再建や境内の各種整備を実現させた。こうした取り組みにより、宮司就任から15年で神社の年間収入を6倍に増収させ、参拝者数を36倍に増加させた実績をもつ。本書が初の著書。

宮司《ぐうじ》の経営《けいえい》

2025年3月21日　初版発行

著　者　田川伊吹

発行者　小早川幸一郎

発　行　株式会社クロスメディア・パブリッシング
〒151-0051 東京都渋谷区千駄ヶ谷4-20-3 東栄神宮外苑ビル
https://www.cm-publishing.co.jp
◎本の内容に関するお問い合わせ先：TEL（03）5413-3140／FAX（03）5413-3141

発　売　株式会社インプレス
〒101-0051 東京都千代田区神田神保町一丁目105番地
◎乱丁本・落丁本などのお問い合わせ先：FAX（03）6837-5023
service@impress.co.jp
※古書店で購入されたものについてはお取り替えできません

印刷・製本　株式会社シナノ

　ISBN978-4-295-41076-8　C2034